Simon Viktor

Durch die Welt ein Riss

Das Zugunglück von Aßling 1945
Geschichte einer Tragödie

SüdOst Verlag

Bibliografische Information der Deutschen Nationalbibliothek

Die Deutsche Nationalbibliothek verzeichnet diese Publikation in der Deutschen Nationalbibliografie; detaillierte bibliografische Daten sind im Internet über http://dnb.dnb.de abrufbar.
ISBN 978-3-95587-799-6

FSC www.fsc.org
MIX
Papier aus verantwortungsvollen Quellen
FSC® C014138

Für uns, die Battenberg Gietl Verlag GmbH mit all ihren Imprint-Verlagen, ist Nachhaltigkeit ein wichtiger Teil unserer Unternehmensphilosophie. Daher achten wir bei allen unseren Produkten auf den Einsatz umweltschonender Ressourcen und Materialien.
Dieses Buch wurde auf FSC®-zertifiziertem Papier gedruckt. FSC (Forest Stewardship Council®) ist eine nichtstaatliche, gemeinnützige Organisation, die sich für die verantwortungsvolle und ökologische Nutzung der Wälder unserer Erde einsetzt.

Unsere Partnerdruckerei kann zudem für den gesamten Herstellungsprozess nachfolgende Zertifikate vorweisen:
- Zertifizierung für FOGRA PSO
- Zertifizierungssystem FSC®
- Leitlinien zur klimaneutralen Produktion (Carbon Footprint)
- Zertifizierung EcoVadis (die Methodik besteht aus 21 Kriterien in den Bereichen Umwelt, Einhaltung menschlicher Rechte und Ethik)
- Zertifikat zum Energieverbrauch aus 100 % erneuerbaren Quellen
- Teilnahme am Projekt „Grünes Unternehmen" zum Schutz von Naturressourcen und der menschlichen Gesundheit

1. Auflage 2022
ISBN 978-3-95587-799-6

www.battenberg-gietl.de

Dem Roman liegt eine reale Begebenheit zugrunde: das schwerste Zugunglück der deutschen Nachkriegsgeschichte. Vieles ist erfunden, Personen, Dialoge, kleine Vorkommnisse, Beobachtungen. Doch das meiste – leider – ist wahr.

PROLOG, 20. JULI 1945

Heute muss es soweit sein, ja, so steht es im Brief. Aber in den Frühzug waren nur ein paar Arbeiter und Kumpel eingestiegen. Ausgestiegen war niemand. Der Junge lässt seinen Blick über das Gelände schweifen. Hier das schmucklose, braune Bahnhofsgebäude mit den stumpfen Fenstern. Dort der fiebrige Fluss, der sich tonlos durch die Hitze schiebt. Ein fauliger Geruch hängt über der Ebene, aus der die schwarzen Fördertürme wie riesenhafte, schwarze Blumen wachsen. Abgesehen von dem Jungen und der Frau ist der Bahnsteig leer. Sie stehen seit Tagesanbruch hier. Die Augen des Jungen wandern zur alten Uhr, die unter dem Vordach der flachen Schalterhalle hängt. Er hatte sich eigentlich vorgenommen, in Gedanken bis hundert zu zählen, bevor er das nächste Mal zur Uhr schaut. Bis neunundzwanzig hat er es ausgehalten. Neunundzwanzig. So alt ist der Papa vor zwei Tagen geworden, hat der Junge gedacht. Und da hat er eben doch wieder zur Uhr geschaut. Seine Hand tastet vorsichtig nach dem Papier. Es steckt sorgfältig gefaltet in der Innentasche seines Anzugs. Der Anzug ist viel zu groß. Aber das macht dem Jungen nichts aus. Auf dem Papier ist ein Bild, das hat der Junge vorgestern gemalt. Darauf zu sehen ist ein Hund. Der Hund ist schwarz und zottelig. Der Junge hat nur Kohle gehabt, also ist der Hund wirklich sehr schwarz geworden. Die Augen vom Hund sind auch schwarz, wie der frische Teer in den Bombenkratern auf dem Platz vorm Bahnhof. Man erkennt sie kaum im schwarzen Hundekopf, die Augen. Trotzdem ist der Junge nicht unzufrieden mit dem Bild. Er freut sich schon auf den Moment, wenn er das Papier aus der Tasche zieht und auffaltet. Warte nur, Papa, bis du den Hund siehst. Der wird dir gefallen.

Jetzt hört der Junge einen Ton. Ganz leise erst, ein helles Sirren, das langsam anschwillt. Es geht von den Schienen vor ihm aus, als ob sie einander zuflüsterten. Der Junge spürt, wie sich die Hand der Frau auf seine Schulter legt. Das Sirren wird zu einem Singen. Ja, da vorne bewegt sich etwas auf den flirrenden Gleisen. Das Herz des

Jungen pocht so stark, dass er sich beide Hände auf die Brust pressen muss. Dabei knittert das Papier in der Innentasche seines Anzugs. Der Junge merkt es nicht. Die Hand der Frau drückt seine Schulter, jetzt kann er die Lokomotive erkennen, blau ist sie und grau, ein sanftes Zittern durchläuft den Boden und seine Beine hinauf, die Hand auf seiner Schulter drückt fester, es tut beinahe weh, mit einem klagenden Geräusch kommt der Zug zum Halten, steht still in der flimmernden Sonnenglut, ganz hinten öffnet sich jetzt eine Tür, ein Mann steigt aus, das Herz des Jungen steht so still wie der Zug, die bohrenden Fingernägel in seiner Schulter spürt er kaum, der Mann kommt den Bahnsteig herauf, kommt auf sie zu, nein, wendet sich ab, zur Straße hin, die Böschung hinab und ist schon außer Sicht, der Zug gibt ein Keuchen von sich und rollt aus dem Bahnhof, die Hand löst sich von seiner Schulter. Dort, wo sich die Finger in das Fleisch gekrallt haben, kribbelt die Haut. Stille senkt sich wieder über die Gleise.

16. JULI 1945

Johann Pongratz steht am Fenster, das auf den Bahnsteig hinausgeht, und blickt in den dichten Regen. Verschwommen kann er sein Spiegelbild in den Scheiben erkennen: Ein großer, alter Mann stiert aus dem Glas zurück. Alles an dem Mann ist groß: die Nase, die Hände, die Stirn. Auch die Backen. Die sind so groß, dass sie nach unten hängen. Wie bei einer Dogge, denkt Johann. Eine große, alte, müde Dogge.

Das Sommergewitter tobt schon eine ganze Weile über Aßling. Blitze fallen aus dunklen Wolken und Donner rollt durch das flache Tal, in dem die Höfe wie große Tiere hocken, die geduldig auf das Ende des Unwetters warten. Heute ist es früh dunkel geworden. Heftig peitscht das Gewitter Schauer um Schauer über den Bahnhof. Johann kann kaum bis zum Hochreiter Hang sehen, der auf der gegenüberliegenden Seite ansteigt, dazwischen die drei Gleise. Den noch nicht ganz zugeschütteten Trichter drüben an der Böschung, den kann er gerade noch erkennen. Sechsundfünfzig Bomben sollen es gewesen sein. Johann kann das Summen und Rattern hören, vor seinem inneren Auge taucht das Bild der Ursch auf, wie sie langsam ihre Pirouette dreht, direkt vor ihm auf dem Gleisbett, neben ihm an der Wand rauscht und knackt der Streckenfernsprecher, Johann öffnet die Augen.

Das zweistöckige Bahnhofsgebäude ist ziegelgemauert und unverputzt. Sein langgezogenes Vordach, das immer noch mit schweren Balken abgestützt werden muss, geht zu den Gleisen hin. Die sind mit der Perronsperre gesichert, einem einfachen Holzzaun. Das Stellwerk, in dem Johann Dienst tut, ist in einem hölzernen Anbau an der Südseite des Hauptgebäudes untergebracht. Schwer trommelt der Regen auf das Blechdach, als eine elektrische Lokomotive in Johanns Blickfeld rollt. Der graublaue Lack auf dem stählernen Lokkasten ist an einigen Stellen abgeplatzt, darunter klafft der Rost. Baureihe E75, denkt Johann und kratzt sich an der dicken, roten Nase, während die

Lok rechter Hand in der Dunkelheit verschwindet. Ihr folgt eine lange Reihe gedeckter Waggons, Wagen an Wagen an Wagen rattert der Zug am Stellwerk vorbei. Johann kennt diese Waggons gut: In solche hölzernen Verschläge mit ihren schweren Schiebetüren wird vorne an der Rampe das Vieh getrieben. Nur dass in diesem Zug keine Tiere sind, sondern Menschen. Eintausendzweihundert sollen es sein, die der Zug mit der Nummer 98 442 aus dem Kriegsgefangenenlager in Bad Aibling nach Norden bringt. So hat es in der Meldung der Reichsbahndirektion geheißen. Aus einigen Waggons dringt ein schwacher Lichtschein. Johann glaubt sogar, Gesang zu hören. Aber da muss er sich getäuscht haben. Er schaut auf die Uhr. Es ist kurz nach neun. Johann wartet, bis der Regenschleier den letzten Waggon verschluckt, dann greift er zum Fernsprecher, meldet die Zugnummer und gibt seinen Streckenabschnitt frei.

Seit dem Angriff sind die elektrischen Sicherungsanlagen defekt, Johann hat auf Handbetrieb umstellen müssen. Die Züge fahren mit schriftlichem Befehl und nach fernmündlicher Absprache der benachbarten Fahrdienstleiter. Auch auf dem Streckenabschnitt Aßling – Oberelkofen – Grafing Bahnhof muss rückgemeldet werden. Ein Zug darf in einen Abschnitt erst einfahren, wenn der vorausfahrende Zug diesen bereits verlassen hat. Das muss der Fahrdienstleiter vorher seinem Kollegen auf der rückwärtigen Signalstelle melden. In Johanns Fall also nach Ostermünchen im Süden oder Oberelkofen im Norden. Das Vorgehen ist aufwendig, ja, sicher. Aber es funktioniert. Was Johann mehr Sorgen bereitet, sind die Oberleitungen. Seit dem Luftangriff gibt es immer wieder Probleme mit dem Strom. Schon mehrmals hat sich Johann an die Reichsbahndirektion in München gewandt und auf die beschädigten Leitungen hingewiesen. Wo genau seine Warnungen versickert sind, das weiß er nicht. Irgendwo zwischen Direktion und Militärregierung.

Sorgsam streicht Johann seine abgetragene, blaue Eisenbahneruniform glatt. Seine Hände zittern. Wann es angefangen hat, kann

Johann nicht mehr genau sagen. Vielleicht an dem Tag, an dem die Flugzeuge gekommen sind? Oder erst an dem Tag, an dem die Granate explodiert ist? Jedenfalls war das Zittern plötzlich da und hat seither nicht mehr aufgehört. Seither ist vieles anders geworden. Eigentlich alles. Johann hat das Gefühl, dass es in seinem Leben viele Tage gegeben hat, an denen ein Leben aufgehört und ein anderes angefangen hat. Zu viele. Er liegt jetzt nachts oft wach. Gestern hat er zum ersten Mal seine Eisenbahnermütze daheim vergessen. Das ist ihm in dreiundvierzig Jahren nicht passiert. Ob das mit seinen Gedanken zusammenhängt? Die begeben sich immer öfter auf Wanderschaft. Sie marschieren einfach los und Johann findet sich dann an Orten in seinen Erinnerungen wieder, die er gut verschlossen geglaubt hatte. Wie ein Schlafwandler kommt er sich dann vor, ein Schlafwandler, der nachts im Wald aufwacht, barfuß und nackt und ohne ein Licht, das ihm den Weg weist.

Ja, es ist richtig gewesen, dass er seine Versetzung in den Ruhestand beantragt hat. Heute ist seine letzte Nachtschicht, nächste Woche geht er dann endgültig in Pension. Dreiundvierzig Jahre am Aßlinger Bahnhof, davon die letzten elf Jahre als Bahnhofsvorsteher. Reichsbahnsekretär. Johann schnaubt. Er hat seiner offiziellen Rangbezeichnung nie etwas abgewinnen können. Sie klingt nach Amtsstube und Aktendeckeln. Bahnhofsvorsteher gefällt ihm besser. Freilich, Aßling ist nur ein kleiner Bahnhof. Aber er liegt an der Hauptstrecke München – Salzburg, auch die Züge nach Italien müssen hier durch. Er kann sich noch gut an den Tag erinnern, als der Sonderzug samt Salonwagen durch Aßling gerauscht ist. Drinnen Mussolini und Hitler auf dem Weg zur Unterzeichnung des Münchner Abkommens. Draußen der Bahnhof festlich geschmückt, Hakenkreuzfahnen, Blumengirlanden, ein gigantisches Spruchband: Deutschland grüßt den Duce! Achtunddreißig war das gewesen und jede Brücke musste gegen mögliche Anschläge gesichert werden. Johann war auf der Straßenbrücke in Richtung Lorenzenberg eingeteilt gewesen, die die Gleise nördlich des Aßlinger Bahnhofs überquert, und hatte beeindruckt zugesehen, wie der Führersonderzug unter ihm hindurchgedonnert war. Ja, das war schon ein besonderer Tag gewesen in seinem Eisenbahner-Leben.

Vielleicht hätte ihm Anton ja nachfolgen können, wäre vielleicht in seine Fußstapfen getreten. Johanns Gedanken springen zu dem Moment, als sie seinen Sohn in die Küche getragen haben, der Körper steif und hart, grau das Gesicht. Es war kurz nach Kriegsbeginn, am Morgen nach dem Kirtafest in Niclasreuth. Der alte Schwarzwieser hatte ihm einen Umschlag in die Hand gedrückt und leise auf ihn eingeredet. Johann kann sich an die Worte nicht erinnern, aber der Name des ältesten Schwarzwieser-Sohns, Josef, der war ein paar Mal gefallen. Den Umschlag hat er erst einige Tage später aufgemacht. Geld ist drin gewesen. Nicht wenig Geld. Seitdem liegt der Umschlag in einer Schublade der Küchenanrichte. Bald sechs Jahre. Eigentlich wollte Johann dem Schwarzwieser das Kuvert schon längst zurückgegeben haben. Aber es hat sich nicht ergeben. Die beiden Männer gehen sich aus dem Weg, sie haben seither kein Wort gewechselt. Das Auto vom alten Schwarzwieser ist dann plötzlich verschwunden gewesen, ein Wanderer W21. Seltsam, dass er sich ausgerechnet daran noch erinnert, wundert sich Johann. Der Schleier vor seinen Augen wird immer undurchdringlicher, wütend tost das Gewitter über dem Dorf. Ob der alte Bauer den Wanderer verkauft hat? Damit keiner auf die Idee kommt, Fragen zu stellen? Oder einfach versteckt, bis Gras über die Sache gewachsen ist? Bis Gras über meinen Sohn gewachsen ist. Da knackt der Fernsprecher und Johann erwacht aus seinen Gedanken.

»… Zug 98 442 …«, tönt es blechern aus der Hörmuschel. »…cht eingef … Bitte um …«

Das Rauschen ist so stark, dass Johann Mühe hat, die Stimme vom Sedlmeiermartin zu erkennen, dem Fahrdienstleiter in Grafing, zwei Streckenabschnitte weiter nördlich.

»… Meld … freige … wiederhol …«, krächzt eine andere Stimme aus dem Lautsprecher. Sie gehört dem Bierwirthjakob, dem für Oberelkofen zuständigen Bahnwärter, dessen Streckenabschnitt zwischen Aßling im Süden und Grafing im Norden liegt. Dann bricht die Verbindung ab, es ist nur noch leises Rauschen zu hören. Johann schlägt mit der flachen Hand seitlich auf das Gehäuse des Apparats.

»Verflixtes Trumm«, murmelt er. Da kratzen wieder unverständliche Gesprächsfetzen durch die Leitung. Kurz wird die Verbindung klarer und Johann hört den Bierwirthjackl.

»… Oberelk … cht … frei … kofen ….«.

Das Signal bricht wieder ab. Wahrscheinlich steht der Wanderer ganz hinten im Schuppen vom Schwarzwieser. Gedankenverloren nickt Johann sich selbst zu, das Gerät rauscht friedlich. Draußen ist es finster, trotzdem glaubt Johann zu erkennen, dass der Regen jetzt leichter geworden ist. Ein Blitz wuchert über den dunklen Himmel und für einen kurzen Moment sieht Johann eine Silhouette, die sich auf dem zweiten Gleis langsam dreht, fällt, liegt. Er schließt die Augen. Da meldet sich der Fernsprecher erneut, dieses Mal ist die Stimme laut und deutlich.

»Hier Ostermünchen, Transportzug US-Militär, Zugnummer 96 496, erbitte Freigabe Streckenabschnitt Aßling.«

Immer noch stumm vor sich hin nickend, greift Johann nach der Sprechmuschel. Sein Blick ist weiter auf das mittlere Gleis gerichtet, das sich auf beiden Seiten in der Nachtschwärze verliert.

»Ja, hier Aßling, Streckenabschnitt ist freigegeben. Wiederhole, Durchfahrt frei.«

Draußen kracht ein Donnerschlag über dem Tal.

✦

Fritz Marra drückt die schwere Eichentür vom Alten Wirt auf. Ein Dunst aus Bier, Schweiß und Tabakrauch dringt ihm entgegen. Das Gemurmel in der schummrigen Wirtsstube verstummt, Köpfe drehen sich. Aus der Küche dringt das leise Scheppern von Geschirr. Die Blicke der Männer, die an schweren Tischen vor dunkel vertäfelten Wänden ihre Biere aussitzen, richten sich auf Fritz. Der bleibt vor dem Schanktisch stehen. In seiner linken Hand hält er den Anschlag vom Lagerhaus.

»Was hast denn da, Marra?« Die Stimme kommt von einem der hinteren Tische. Fritz erkennt im Halbdunkel eine lange, dürre Gestalt mit strohigen Haaren, die wie Borsten eines Besens vom Hinterkopf abstehen. Der Bremmerbartl arbeitet als Rangierer oben am Bahnhof. Über den Junggesellen, der um die Vierzig und damit ein paar Jahre älter ist als Fritz, heißt es, dass er zwei große Leidenschaften hat: Züge und Bier. Wobei es Fritz so vorkommt, als rangiere der Bartl lieber Biere beim Wirt als Züge am Bahnhof.

»Die Speiskartn?«, fragt einer der Männer, die vor ihrem schaumlosen Bier am Tisch vom Bremmer sitzen. Gelächter.

»Oder vielleicht dein Einkaufszettel?«, wirft ein anderer ein. Das Lachen schwappt durch den Raum und über Fritz hinweg.

»Vielleicht is ja auch ein Gedicht?« Auf dem Gesicht vom Bartl wächst ein Grinsen in die Breite. »Magst es mal vorlesen, Marra?«

In der Wirtsstube herrscht jetzt Stille. Fritz kann die Blicke der Männer auf seiner juckenden Haut spüren. Die Schwellung an seiner rechten Schläfe pocht. Am Tisch direkt vor ihm erkennt er den Röllmoser. Als sich ihre Blicke treffen, senkt der alte Bauer den Kopf und stiert in seinen halbvollen Bierkrug.

»Hast auch scho mal besser ausgschaut, Marra.« Der Bremmerbartl hat sich jetzt zurückgelehnt und die Hände hinter dem Kopf verschränkt. »Was is denn mit deinem Gsicht passiert?«

Fritz antwortet nicht. Er schaut dem Rangierer direkt in die Augen. Jeder Muskel in seinem Körper ist angespannt, seine Zähne sind fest aufeinandergepresst. Er spürt den stechenden Schmerz im Kiefer kaum. Dann wendet er den Blick ab und lässt ihn langsam durch den Raum gleiten. Alle Gesichter sind ihm zugewandt.

»Eins, zwei, drei, vier …«

Fritz' Blick streift jedes einzelne Gesicht, sein Flüstern brüllt durch die stille Stube.

»… zwölf, dreizehn, vierzehn.«

Fritz räuspert sich.

»Vierzehn Stamperl«, sagt er laut in Richtung des Wirts, der hinter dem Tresen steht und das Geschehen aufmerksam beobachtet. Joseph Weingruber, seit 1933 Pächter der Gaststätte und Metzgerei »Zum Alten Wirt«, ist klein und kugelrund. Genau wie seine Frau, deren Kopf jetzt in der Küchentür erscheint. Die ungewohnte Stille in der Wirtsstube hat ihre Neugier geweckt. Sie mustert den drahtigen Mann, der da mitten im Raum steht. Er hat ein wildes Gesicht, das von schwarzen Haaren und einem ebenso schwarzen Bart eingerahmt ist, darin glimmen dunkle Augen. Überhaupt scheint der Mann irgendwie dunkler zu sein als die übrigen Gäste mit ihren bleichen Wangen und roten Nasen.

Auf der Stirn des Wirts stehen Schweißperlen, die er sich mit einem karierten Tuch aus seiner Gesäßtasche abtupft. Dann holt er vierzehn Gläser aus dem Regal und stellt sie in einer ordentlichen Reihe auf den hölzernen Schanktisch. Fritz sieht aus den Augenwinkeln, wie die Blicke vom Bremmerbartl zwischen ihm und den Schnapsgläsern hin und her springen. Mit einem leisen Ploppen zieht der Wirt den Korken aus einer schlanken Flasche ohne Etikett und gießt den klaren Inhalt in die wartenden Gläser. Dabei verschüttet er nicht einen kostbaren Tropfen. Alle Blicke sind jetzt auf die unerhörte Parade auf dem Schanktisch gerichtet. Von draußen rumpelt der Donner gegen die nassen Fenster. Fritz tritt an den Tresen, blickt lächelnd in die Runde und hebt seinen rechten Arm in einer einladenden, die ganze Stube umfassenden Geste.

»Na, schau, Marra, kommst doch noch zu Verstand.« Der Bremmer stemmt sich hoch, die Stuhlbeine ruckeln über den Holzboden. »Vielleicht bist ja gar ned so unrecht, ha?«

Mit einer schwungvollen Bewegung wischt Fritz die vierzehn Stamperl vom Tresen. Klirrend landen sie auf dem Boden, wo sich schnell eine Pfütze zwischen den Scherben ausbreitet. Der Bartl steht wie eingefroren halb erhoben am Tisch und starrt Fritz an. Ebenso die anderen Männer. Im Raum ist es totenstill. Fritz streckt die Finger seiner rechten Hand und ballt sie zur Faust. Seine Knöchel knacken. Plötzlich wird die Tür zur Wirtsstube aufgerissen. Schwer atmend steht der Kirmaierlenz auf der Schwelle. Seine Augen zucken durch den Raum und bleiben an Fritz hängen.

»Viechdoktor«, stößt der Lenz hervor. »Du musst mitgeh.« Er wischt sich mit einem Hemdsärmel über das nasse Gesicht. »Es is was Schlimms passiert.«

✦

Paul Marra horcht in die Dämmerung hinein. Ein Knall peitscht über das Dach der Hütte. Paul kann das grelle Licht des Blitzes sogar durch seine fest zusammengekniffenen Augenlider sehen. Kurz darauf kracht der Donner so laut, als stünde das Gewitter direkt über dem Haus. Paul zuckt zusammen und zieht sich die Wolldecke über den Kopf. Das Bettgestell unter ihm quietscht leise. In seinem Kopf wälzen sich Bilder und Klänge heran. Dröhnende Flugzeuge und krachende Explosionen. Er hört das Rattern der Bordkanonen, sieht ihr grelles Mündungsfeuer. Der Regen prasselt auf das Holz.

Warum fürchtet er sich vor einem Gewitter? Er ist doch schon zehn Jahre alt. Beinahe ein Mann. Wenn die Jungen aus dem Dorf ihn so sehen könnten, mit der Decke über dem Kopf und zitternd vor Angst … Aber würde das einen Unterschied machen? Wahrscheinlich nicht.

Was ihm mehr Gedanken machen sollte, ist das Bett auf der anderen Seite vom Ofen. Es ist leer. Paul weiß nicht, wo sein Tatta ist. Paul weiß nicht, was passiert ist, nachdem er vom Bichlerhof davongerannt ist. Seine Erinnerung setzt erst wieder in dem Moment ein, als er die Tür zur Hütte öffnet. Seitdem hat er sich nicht von hier wegbewegt. Als es dunkel geworden war, ist er ins Bett gekrochen, ohne etwas zu essen. Und hat gewartet und gehorcht. Bis das Gewitter über das Dorf gekommen ist und alle anderen Geräusche mit seinem Krachen und Knacken und Prasseln zugedeckt hat. Paul weiß selbst nicht so genau, was er zu hören hofft. Die knarrende Tür, die schweren Schritte auf den Dielen? Oder nichts? Einfach nur nichts. So muss es wohl sein, wenn man tot ist, denkt Paul. Nichts. Einfach nur nichts. Vielleicht ist tot sein so wie nicht geboren sein. Paul stellt sich das schön vor. Nicht denken müssen, nicht fühlen müssen, nicht sein müssen. Umhüllt vom Nichts wie von einer Umarmung.

Paul muss an eine Geschichte denken, die ihm seine Mutter erzählt hat. Er ist im Bett gelegen, so wie jetzt. Sie ist neben ihm gesessen. Warm und würzig ist die Dunkelheit gewesen, die durch das offene Fenster ins Zimmer geströmt ist. Es war im Großen Krieg, hat seine Mutter gesagt, und es war eine stille Nacht. Sie habe nicht schlafen können und in die Welt hineingehorcht. So wie Paul jetzt. Aber das Einzige, das sie gehört habe in ihrer stillen Nacht, war das Ticken der Uhr, die im Zimmer stand. Und mit einem Mal war es still, hat die Mutter gesagt. Kein Ticken mehr. Kein Hauch. Nichts. Einfach nur nichts. Und da habe sie sofort gewusst, dass etwas Schlimmes passiert sei. Und wirklich war ihr Vater einige Wochen später mit einem Schreiben aus dem Dorf zurückgekommen. Ihr Bruder war im Schützengraben gestorben. An einem Ort, dessen Namen sie nicht kannte, den sie nicht aussprechen konnte und den sie sich nicht merken wollte. Die Nacht, in der er umgekommen war in der namenlosen Fremde, war die Nacht gewesen, in der sie wach gelegen und das Verstummen der Uhr gehört hatte.

Auch hier im Gartenhaus gibt es eine Uhr. Sie steht drüben auf dem Tisch. Paul kann nicht hören, ob sie tickt. Draußen schäumt das Gewitter immer noch über Höfe und Häuser. Wenn die Uhr aufhört zu ticken, woher weiß ich dann, wer gestorben ist, fragt sich Paul. Bruder hat er keinen. Schwester auch nicht. Wäre es ein Zeichen dafür, dass seine Mutter tot ist? Oder sein Tatta? Paul spürt bei dem Gedanken nichts. Nicht denken, nicht fühlen, nicht sein.

Plötzlich tönt ein Schlag durch das Tal, der Paul hochschrecken lässt. Es folgt ein schrilles Knirschen. Paul ist wie erstarrt, er wagt kaum zu atmen. So liegt er und lauscht und liegt und lauscht. Er hört das dumpfe Trommeln des Regens, ein Donnerschlag hallt aus einiger Entfernung über die Felder. Das Gewitter ist weitergezogen. Vorsichtig zieht sich Paul die Decke vom Kopf, schlüpft aus dem Bett und tappt zum Tisch. Er legt sein Ohr an das kühle Glas vor dem Ziffernblatt. Kein Ticken. Kein Hauch. Nichts. Einfach nur nichts. Die Uhr zeigt zwanzig Minuten vor zehn.

✦

Die Uhr zeigt zwanzig Minuten vor zehn.

»Was is des für ein Geräusch gwesen?«, fragt Marianne Schwarzwieser und löst ihren Blick von der Uhr neben dem Herrgottswinkel.

Ihre Mutter zuckt nur mit den Schultern. »Was soll sein? Gwitter halt.«

Seit Tagen schon liegt die drückende Hitze auf dem Tal wie eine bleischwere Decke. Darunter dämmert das Dorf wie im Fieber. Marianne kann die entrückte Stimmung in Aßling spüren, ohne sie genau beschreiben zu können. Als würden alle auf etwas warten. Vielleicht auf das Gewitter, das sich allabendlich wie das gewaltige Finale eines Orchesterstücks über dem Dorf entlädt. Marianne mag Gewitter. Vor allem im Sommer. Die gespannte Ruhe, die sich über die dösenden Felder legt. Als würde der Himmel tief Luft holen, bevor er mit Getöse über der Welt zusammenbricht. Sie mag den warmen Regen, der die Ähren wie goldene Wogen vor sich hertreibt, das tiefe Grollen des Donners, das den Körper bis ins Innerste beben lässt. Aber das knirschende Krachen, das noch in Mariannes Kopf nachklingt, hat sich nicht nach Gewitter angehört. Sie bemerkt die Gänsehaut auf ihren Armen, schüttelt den Kopf und fährt fort, die dunklen Brotlaibe, die vor ihr auf der Bank liegen, mit Wasser einzureiben.

Marianne hat mitgezählt: Es ist schon das sechste Fahrzeug, das am Hof vorbei, um die Kurve und über die Brücke rumpelt. Sie steht am Küchenfenster und versucht, draußen etwas zu erkennen. Das Gewitter ist zwar weitergezogen, aber es regnet noch und die dunklen Wolken haben alles Licht aus dem Tal gesaugt.

»Jetzt steh ned rum wie der Ochs am Berg«, hört sie ihre Mutter vom Herd rufen. »Hilf mir mit den Kartoffeln.«

Marianne sieht, wie ihre Mutter hinter dem Herd in die Hocke geht, da wo die Kartoffeln liegen. Nur noch der strenge, rotbraune Dutt wackelt im schummrigen Licht hin und her. Die rotbraunen Haare hat Marianne von ihrer Mutter, ja. Und die hellen Augen von ihrem Vater, natürlich. Aber die vielen Sommersprossen, die in Mariannes Gesicht herumliegen wie Hühnerfutter, das man achtlos auf die Erde geworfen hat, weiß der Herrgott, wo die herkommen.

In diesem Augenblick bahnt sich das siebte Scheinwerferpaar seinen Weg durch die Nacht. Genau vor dem Schwarzwieserhof kommen die Lichter zum Stehen. Marianne hört das gleichmäßige Tuckern eines Motors im Leerlauf. Sie kann nicht sehen, was sich auf der Straße abspielt und drückt ihr Gesicht noch fester an die kühle Scheibe. Plötzlich hämmert es an die Tür.

»Jessas!« Die alte Schwarzwieserin fährt hoch und schaut erschrocken ihre Tochter an. Noch ehe die Bäuerin sich aus ihrer Starre gelöst hat, ist Marianne schon zur Küche hinaus und an der Tür. Draußen steht ein amerikanischer Soldat in einem vom Regen dunkel verfärbten Mantel. Das ist nicht die erste Tür, an die der heute Nacht klopft, geht es Marianne durch den Kopf, als sie den durchnässten Mann auf der Türschwelle mit zusammengekniffenen Augen mustert. Ob er zu den in Aßling stationierten Soldaten gehört, kann sie nicht sagen. Jedenfalls hat sie das Gesicht noch nie gesehen.

»Blanket«, sagt der Ami, macht mit den Armen eine Geste, als würde er sich in eine Decke einschlagen, und schiebt nach: »Fast Snell. Please.«

Neben Marianne erscheint die Bäuerin an der Tür.

»Was will er?«, fragt sie misstrauisch an ihre Tochter gewandt, ohne den Mann aus den Augen zu lassen.

»Eine Decke, glaub ich«, sagt Marianne und runzelt die Stirn.

Verstehen zeichnet sich auf dem Gesicht des Soldaten ab, er nickt und wiederholt noch einmal: »Yes, Däcke. Viel Däcke. Please.«

»Mir haben nix, sag ihm, dass mir selber nix haben.« Der Ton in der Stimme ihrer Mutter ist gleichzeitig ängstlich und ärgerlich.

Da verfinstert sich der Gesichtsausdruck des Soldaten.

»Unfall. Deutsch Soldat. Viel verletzt«, sagt er mit Nachdruck. Als die beiden Frauen nicht reagieren, wiederholt er noch einmal: »Deutsch Soldat. Deutsch!«

Über der Tür öffnet sich ein Fenster und die Haparta streckt den Kopf heraus.

»Mir haben nix zum verschenken«, sagt die alte Schwarzwieserin laut.

So laut, dass es auch die Haparta hört, denkt Marianne. Dann dreht sie sich um und verschwindet im Haus. Sie hört das entsetzte Keuchen, das ihre Mutter von sich gibt, als sie allein mit dem fremden Soldaten an der Tür zurückbleibt. Marianne eilt hinauf ins Schlafzimmer und nimmt alle Wolldecken, die sie finden kann, aus dem Obstädter Kasten. Dann stürmt sie die Treppe wieder hinab, immer zwei Stufen auf einmal nehmend. Sie drückt dem wartenden Amerikaner die Decken in die Arme, nimmt einen Mantel vom Haken und tritt hinaus in die Nacht. Noch bevor ihre verdutzte Mutter protestieren kann, wendet sich Marianne an den Soldaten.

»Ei«, sie deutet mit dem Finger erst auf sich, dann auf den Mann, »go … ju.«

»Mari!«, entfährt es der Bäuerin, die ihre Tochter am Arm packt.

Aber Marianne entwindet sich mit einem kräftigen Ruck und macht noch einen weiteren Schritt in die nasse Dunkelheit. Wieder zeigt sie auf sich.

»Ei, äh, Rotkreuzhelferin.«

Der Soldat schaut sie verständnislos an.

»Rot, äh, red … Kreuz«, probiert es Marianne noch einmal.

»You know Älkoufen? The way to the tracks?«

»Elkofen, ja, jess, Oberelkofen«.

Natürlich, den Weg nach Oberelkofen kennt sie. Erleichtert, dass sie etwas verstanden hat, lächelt sie den Soldaten an. Der nickt kurz, dreht sich um und stapft in Richtung des Lastwagens. Die alte Schwarzwieserin, die wie angewurzelt im Türrahmen steht, würdigt er keines Blickes. Marianne zögert. Der Mann zieht sich hinauf ins Führerhaus, in dem Marianne die Silhouette eines zweiten Soldaten ausmachen kann. Dann beugt er sich noch einmal heraus.

»Come«, ruft er und hält die Fahrzeugtür auf.

Marianne rennt durch den Regen und klettert in die Kabine. Zigarettenrauch sticht ihr in die Nase. Das losbrechende Zetern ihrer Mutter verstummt im selben Augenblick, in dem die Tür scheppernd hinter Marianne zufällt.

Es sind schon ein paar Minuten vergangen, seit der Lastwagen auf Mariannes Anweisung hin an der Ampletzervilla rechts abgebogen ist. Jetzt kämpft er sich das letzte Stück des Bahnbergs hinauf und nähert sich Lorenzenberg.

»You married?«

Marianne zuckt erschrocken zusammen. Abgesehen von ihrer mehr gefuchtelten als gestammelten Wegbeschreibung ist es im Führerhaus still gewesen. Außer dem Quietschen und Rasseln natürlich, mit dem das Fahrzeug über die holprige Straße rumpelt. Der Fahrer hat sich nach vorne gebeugt und grinst zu Marianne herüber. Bis auf das rote Glimmen seiner Zigarette kann sie im Dunkeln nicht viel von ihm erkennen.

»Naa, äh, no.« Sie schüttelt den Kopf. »Marianne.«

Für eine endlose Sekunde schweben die Worte in der schaukelnden Kabine. Dann prusten die beiden Soldaten los, der Fahrer schlägt vergnügt mit der flachen Hand auf das Lenkrad und sagt etwas in seiner fremden Sprache. Auch Marianne muss grinsen. Warum, das weiß sie nicht so genau.

»Da«, ruft Marianne und deutet nach vorne in die Finsternis. »Da gehts runter zu den Gleisen.«

Nach dem Lachanfall der beiden Soldaten hat sich die Stimmung in der Fahrerkabine des Lastwagens deutlich entspannt. Mittlerweile hat Marianne auch verstanden, dass sich der Unfall unten an den Bahngleisen ereignet haben muss. Das kommt ihr seltsam vor. Was soll da mitten in der Nacht groß passieren? Aber sie ist sich ziemlich sicher, dass die Soldaten zu den Gleisen wollen. Schwankend biegt der Wagen auf den ausgefahrenen Feldweg und taucht hinein in das nachtschwarze Berger Holz. Hier fällt das Gelände steil ab zum Bahndamm, das Regenwasser sprudelt durch die tiefen Fahrspuren, fluchend betätigt der Fahrer die krachende Kupplung. Seine Zigarette ist schon kurz nach Lorenzenberg ausgegangen, der Stummel hängt aber stoisch in seinem Mundwinkel, als wäre er dort angenäht. Zwischen dem Ächzen des Fahrzeugs, das sich den buckligen Waldweg hinabquält, kann Marianne jetzt auch ein anderes Geräusch wahrnehmen. Ein Gellen, das durch den Wald wabert und mal zu verlöschen scheint, dann wieder aufflammt und zu einem markerschütternden Heulen anschwillt. Marianne spürt, wie sich die Haare auf ihren Unterarmen aufrichten. Im Führerhaus ist es warm und dampfig. Sie fröstelt.

✦

Otto Kawurek fröstelt. Er will die Augen nicht aufschlagen. Nichts sehen, nichts hören, nichts fühlen. Das Erdloch. Die Plane. Das Wasser. Die Kälte. Das Lager. Die Schreie. Seltsam. Das monotone Branden des tausendkehligen Gemurmels ist verschwunden. Stattdessen ist da ein Heulen und Kreischen, ganz nah, es dringt durch seine geschlossenen Lider und kratzt an seinen weichen Augäpfeln. Otto muss an die rote Katze denken. Die Nachbarskinder stecken sie in einen Sack, dann werfen sie mit Steinen nach dem grotesken Gebilde, das sich blind über den Boden windet. Otto weint und hält sich die Ohren zu, aber er kann sich nicht losreißen, will flüchten, muss bleiben, zuhören, Zeuge sein. So lange, bis das Tier verstummt und sein zähes Leben das grobe Leinen tränkt.

Aber das Kreischen verstummt nicht. Es klingt, als hätte jemand den qualvollen Todeskampf der Katze auf Schallplatte aufgezeichnet und spiele ihn nun aus einem riesigen Grammophon-Trichter direkt in Ottos Ohr hinein. Vorsichtig öffnet er die Augen. Es ist dunkel. Die Welt um ihn herum besteht nur aus Schall. Otto spürt etwas Weiches neben sich. Er will sich aufsetzen, aber nichts geschieht. Seltsam. Da bemerkt er eine Bewegung. In der Finsternis zeichnet sich eine Gestalt ab, nein, viele Gestalten, ein ganzes Knäuel von ineinander verschlungenen Armen, verdrehten Beinen, zermahlenen Körpern. Wo ist Heinrich? Behutsam versucht Otto, sich auf die Seite zu drehen. Der Boden ist glitschig. Ottos Hand rutscht unter ihm weg und sein Gesicht schlägt auf den nassen Boden. Warm. Ein dumpfes Pochen hallt durch seine Brust und lässt ihn aufstöhnen. Otto hält inne und wartet, bis der Schmerz über ihn hinweggerollt ist. Der Geschmack auf seinen Lippen erinnert ihn an etwas. Seine Gedanken zucken um die Antwort wie Motten um eine brennende Kerze. Hin und wieder kommt einer der Flamme nahe und taumelt mit versengten Flügeln zurück ins Unbewusste. Ottos Oberkörper schmerzt. Aber warum spürt er seine Beine nicht? Seltsam. Er schiebt sich bäuchlings vorwärts, seine Finger finden Halt in etwas Weichem. Otto zieht den fremden Kopf zu sich heran und dreht ihn verständnislos in den Händen. Ist das nicht einer von den Solingern? Was hatten die noch mal gesungen? Irgendetwas von Schloten und Rädern und … Er legt die leblose Kugel beiseite, sie dreht sich um sich selbst und bleibt auf dem Gesicht liegen.

Das Geschrei um ihn herum hat sich jetzt bis in Ottos Eingeweide vorgearbeitet und wühlt dort wie ein Hund, der im Müll nach Knochen sucht. Der Schutt. Otto sieht sich selbst, als wäre er ein Schatten, losgelöst von seinem Körper: ein mittelgroßer, schlanker Mann, blond, schmale Nase, glatte Haut, die ihn jünger aussehen lässt, vor allem jünger als die verbissen neben ihm wühlenden Männer mit ihren knotigen Gesichtern. Er steht in dem noch schwelenden Haufen und reißt an den Trümmern. Da, jetzt kann er die Frau sehen. Noch ein Brett und noch eins und ja, da ist er, da kommt der Junge zum Vorschein. Stimmt, jetzt ist es ihm klar, jetzt versteht er. Das gepeinigte Heulen, das einsame Mädchen, die verkohlten Stahlträger, die riesigen Betonbuckel, die aus der grünen Wiese wachsen. Und ja, natürlich, der Junge. Er kennt ihn ja beinahe nur aus den Briefen. Die Briefe. Suchend macht sich seine Hand auf den Weg wie eine große, haarlose Spinne. Doch die Ohnmacht kommt ihr zuvor.

EIN HALBES JAHR ZUVOR

»Fremdkörperkrankheit, was soll des sein?«

Fritz streicht sich mit den Fingern über den dunklen Bart. Die braune Kuh, die vor ihm auf dem Stallboden liegt, atmet schwer und rollt mit den Augen.

»Bauchfellentzündung«, antwortet er schließlich und schaut dem Röllmoser ins Gesicht.

Der alte Bauer legt die Stirn in Falten. Im Stall ist es kalt. Von draußen dringt das fahle Morgenlicht nur spärlich durch die kleinen Fenster.

»Sie wird was verschluckt haben. Einen Nagel vielleicht. Oder ein Stück Draht.« Fritz geht in die Hocke und legt der Kuh die Hand auf den Hals. Er spürt die Wärme, die von dem großen Tier ausgeht. Unter dem Fell zuckt ein Muskel. Aus dem Maul tropft Speichel in den Dreck, kleine Dampfwölkchen schweben vor den Nasenlöchern.

»Ein Stück Draht?« Der alte Röllmoser kratzt sich am Kopf. Den zerschlissenen Filzhut, der etwas schief auf seinem grauen Haargestrüpp sitzt, nimmt er dazu nicht ab.

»Ja, irgendeinen Fremdkörper halt. Und der liegt jetzt im Pansen.« Fritz deutet vage auf den Bauch der Kuh. »Beim Wiederkäuen wird er dann zusammen mit dem restlichen Inhalt nach oben gedrückt. Und sticht durch die Wand vom Pansen.«

»Ahso?« Der Röllmoserbauer scheint wenig überzeugt. »Und was magst jetzt machen, Marra?«

»Jetzt hilfst mir erst mal.« Fritz deutet auf einen massiven, rechteckigen Sautrog, der zum Brühen der Schweine verwendet wird und an der schmutzigen Stallwand steht. »Auf gehts, pack an.« Zusammen tragen sie den schweren Trog hinaus in den Hof und stellen ihn unter einem Stallfenster ab.

»Umdrehen«, sagt Fritz. Die beiden wuchten den hölzernen Bottich herum, sodass der Boden nach oben zeigt. Der alte Röllmoser schnauft rasselnd. Falls er sich wundert, so behält er es für sich.

»Und jetzt raus mit ihr.« Fritz ist mit schnellen Schritten schon wieder im Stall. Er nimmt eine schmale Holzlatte aus einem Schubkarren und löst den Strick, mit dem das Tier angebunden ist. Ein kurzer, kräftiger Hieb auf die Flanke der Kuh. Die gibt ein erschrockenes Stöhnen von sich und kommt mühsam auf die Beine. Gemeinsam bugsieren Bauer und Doktor das sich sträubende Tier nach draußen.

»Da muss sie rauf.« Fritz deutet mit dem Kopf zum Sautrog.

»Bist jetzt narrisch?« Der Röllmoser bleibt stehen. Mit der einen Hand hält er die Kuh am Halfterstrick. In der anderen hat er wie Fritz eine Holzlatte. Der Bauer ist gute dreißig Jahre älter als Fritz und bei weitem nicht so kräftig. Aber größer ist er. Ein paar Hühner streifen gackernd im Hof umher. Die Finger an Fritz' freier Hand krümmen und strecken sich. Es ist noch früh. Die Sonne hat den gefrorenen Boden zwischen dem gemauerten Haus, in dem Wohnteil und Stall untergebracht sind, und dem hölzernen Stadel noch nicht in zähen Schlamm verwandelt.

»Bist du der Viechdoktor oder ich?« Fritz treibt die Kuh mit einem gezielten Schlag vorwärts und der alte Bauer muss mit, um nicht von dem Tier über den Haufen geschoben zu werden. Am Sautrog angekommen, nimmt Fritz ein Vorderbein und reißt es nach oben. Die Kuh schnaubt und gibt ein protestierendes Röhren von sich.

»Jetzt mach«, ruft Fritz unter dem zitternden Hals der Kuh hindurch. Der Röllmoser gehorcht und hebt das andere Bein der Kuh. Dabei muss er sich deutlich mehr anstrengen als der Doktor. Jetzt steht das Tier mit beiden Klauen vorne auf dem umgedrehten Trog wie auf einem Podest.

»So festhalten. Sie darf nicht runter vom Trog.« Fritz eilt zurück in den Stall. »Und jetzt den Strick.«

Der Bauer reicht ihm den rauen Strick durchs Fenster, während er die schnaubende Kuh am Halfter hält. Fritz bindet den Strick innen an einem in die Wand eingelassenen Eisen fest. Derart fixiert, bleibt dem Tier keine andere Wahl, als in seiner Position zu verharren: Den massigen Körper vorne erhoben, die Vorderbeine auf dem Sautrog, den Kopf vom Strick oben und nahe der Wand gehalten.

»Und jetzt?« Der Röllmoser steht neben Fritz und kratzt sich am Kopf. Dieses Mal hat er den Hut abgenommen. Es riecht nach Schnee, denkt Fritz.

»Warten.« Fritz tätschelt der Kuh den Bauch. Ihr Atem geht jetzt ruhiger. Sie scheint sich der ungewohnten Haltung ergeben zu haben.

»Schau, Röllmoser: Was auch immer drin ist im Pansen, jetzt kanns langsam nach unten sinken. Und entweder kommts irgendwann raus. Oder es bleibt unten im Pansen liegen. Hauptsache, es sticht oben nicht mehr ins Bauchfell.«

»Ahso.« Der Bauer schaut Fritz an. »Und wie lang soll des dauern?«

»So lang, wies halt dauert.« Fritz zuckt die Schultern. »Das merkst dann schon.«

»Viel geben kann ich dir aber ned, Marra«, sagt der Röllmoser. »Hast ja auch ned aufschneiden müssen.«

»Was hast denn?«

»Die Frau hat gestern backen. Ein Brot kann ich dir geben.« Der Alte überlegt kurz und nickt in Richtung der aufgestellten Kuh. »Und eine Flaschn Schlehengeist, wenns was gholfen hat.«

Fritz schüttelt den Kopf. »Gibst mir die Flasche gleich. Das Brot hol ich mir dann schon.«

Achselzuckend verschwindet der Röllmoserbauer in der Flez, dem Hausgang, der den Stall vom Wohnbereich trennt. Die Hühner sind mittlerweile aufs Nachbargrundstück weitergezogen. Dort steht ein einzelner Hof. Wie beim Anwesen vom Röllmoser ist das Erdgeschoss gemauert, der erste Stock dagegen aus Holz. Aber es fehlt ein großer Stadel, wie er auf dem Grundstück vom Röllmoser steht. Wahrscheinlich war der Röllmoser einer der ersten, der um die Jahrhundertwende vom Ackerbau auf Milchwirtschaft umgestellt hat, überlegt Fritz. Er weiß aus Gesprächen mit den Bauern, dass die Attel Mitte der 20er-Jahre reguliert wurde. Das kleine Flüsschen, das bis dahin mal in engeren, mal in weiteren Bögen durch das Tal mäandert war, wurde begradigt. Muss keine schöne Arbeit gewesen sein, denkt Fritz. Aber die feuchten Wiesen am Fluss, vorher nur als Streuland zu gebrauchen, waren plötzlich ertrag-

reich. Und von solchen Wiesen gehören dem Röllmoser, dessen Gehöft nahe der Attel liegt, offenbar nicht wenige.

Jetzt kommt der Bauer mit einer länglichen Flasche zurück. Er drückt Fritz den Schlehengeist in die Hand. »A Kuh vorn aufstellen … Des hab ich vorher auch noch ned gsehen. Der alte Viechdoktor hat alles mitm Messer gmacht. Hat gern gschnitten.« Der Röllmoser lacht. »Der hat's mögen, wenn sich was rührt.«

Vielleicht ist er deswegen mit der SS losgezogen, anstatt sich um eure Viecher zu kümmern, denkt Fritz. Dass er selber nur ein einziges, altes und kaum mehr zu gebrauchendes Operationsbesteck hat und deshalb jede Operation vermeiden will, sagt er nicht. Aber wenn der alte Röllmoser beim Wirt erzählt, dass der neue Viechdoktor aus Südtirol seine Kuh hingekriegt hat, ganz ohne Aufschneiden – ihm soll es recht sein. Der wichtigste Teil der Geschichte am Stammtisch wird natürlich sein, wie billig dem neuen Doktor seine Methode im Vergleich zu einer Operation ist. Auch das soll ihm recht sein. Zumindest für heute.

»Is so kalt in eurer Hüttn?«, fragt der Bauer und deutet mit dem Kinn auf die Schnapsflasche in der Hand von Fritz.

»Kennst ja das Haus. Ein besseres Gartenhaus.« Tatsächlich ist die Hütte, die Fritz gemietet hat, nur ein hölzernes Gartenhaus. Es liegt am Berger Feld, am nördlichen Rand des Dorfs. Stromleitung gibt es dort keine. Das Licht kommt von Petroleumlampen, das Wasser aus dem Pumpbrunnen im Garten. Das Haus hat nur einen Raum. Geheizt wird mit Torf. Aber gegen die kalte Luft, die durch die Ritzen zieht, kommt der kleine Ofen nicht an. Da hilft es auch nicht, dass Fritz die metallenen Bettgestelle noch am ersten Abend nahe zum Ofen geschoben hat.

»Ich mein ja bloß«, sagt der Bauer. »So ganz ohne Frau, die einen warm hält.« Dabei schaut er nicht Fritz an, sondern die Kuh. Die scheint tatsächlich schon weniger Schmerzen zu haben und leckt gemächlich mit ihrer langen Zunge an der Stallwand.

Fritz spürt heiße Wut in sich aufsteigen. Seine Hand krallt sich um die Schnapsflasche. Er schließt die Augen. Nein, lass den Alten reden, denkt er. Lass sie alle reden. Das tun sie eh. Schon seit dem ersten Tag.

Er kann sich noch gut erinnern, wie er mit dem Bub im Dorf angekommen ist. Wie lange ist das jetzt her? Sechs Wochen? Sieben? Es hat geschneit, als sie ein alter Lastwagen am schlammigen Kirchplatz ausgespuckt hat. Direkt vor dem Kriegerdenkmal. Der Bub mit seinem zerschlissenen Rucksack. Fritz mit dem großen, alten Lederkoffer. Der Gedanke an den Koffer sticht in seine Brust wie eine kalte Nadel. Die Brennende Lieb, die am Morgen ihrer Abreise aus Brixen auf dem Koffer liegt. Als er die rote Blume im Halbdunkel des gerade aufziehenden Tages sieht, weiß Fritz, dass Maria nicht mitkommen wird. Dass sie weg ist. Er weiß in diesem Moment mit einer Gewissheit, die ihm den Hals zudrückt, dass er seine Frau nie mehr wiedersehen wird. Dass er nie mehr nach Südtirol zurückkehren wird. Dass sie jetzt nur noch zu zweit sind: Fritz und der Bub.

Es waren keine guten Zeiten gewesen. Die italienischen Faschisten hatten die deutschsprachige Bevölkerung im Land gegängelt, wo es nur ging. Die deutsche Sprache wurde in den Schulen verboten. Für Fritz war es immer schwieriger geworden, Arbeit zu finden. Bauern sind ein kleingläubiger Schlag Menschen. Für sie war Fritz nur »der Deutsche«. Obwohl er schon viele Jahre in Südtirol gelebt hatte. Mit einer Italienerin. Wegen einer Italienerin.

Nein, es waren keine guten Zeiten gewesen. Schon lange nicht mehr. Maria wollte nicht sehen, was die Nationalsozialisten in Deutschland erschufen. Eine Heimat für alle Deutschen. Ein tausendjähriges Reich, gebaut auf Stolz, Tatkraft und Fortschritt. Marias Treue galt ihrer Heimat. Nicht dem Volk. Nicht dem Führer. Nicht Fritz. Aber war es nicht an ihm gewesen, zu entscheiden? An ihm, dem Familienoberhaupt? War es nicht seine Pflicht gewesen, eine Entscheidung für seine Familie zu treffen – eine Entscheidung für die Zukunft? Und wäre es nicht die Pflicht seiner Frau gewesen, ihm zu folgen? Stattdessen hatte sie sich in der Nacht davongestohlen wie eine Diebin. Nur dass sie nichts mitgenommen hatte wie eine Diebin. Im Gegenteil, sie hatte etwas dagelassen: den Bub.

Die Uneinigkeit zwischen ihm und Maria war wie Gift gewesen. Langsam war es hineingesickert in ihre Ehe. Es hatte an ihrer Liebe genagt wie eine Ratte am Speck. Bis nur noch der trockene Knochen übrig war. Fritz erinnert sich an die Wut, an das Geschrei, ja, auch an die Schläge. Und mittendrin wie ein waidwundes Tier: der Bub.

Der Bub war sein Schatten auf dem langen Weg ins Hier und Jetzt. Nach Aßling. Das kleine Bauerndorf im bayerischen Alpenvorland. Das Dorf, dem der Tierarzt abhanden gekommen war. Der Bub war ihm gefolgt wie ein dressierter Hund seinem Herrn. Schicksalsergeben. Ohne Widerworte. Von Station zu Station, von Dorf zu Dorf auf ihrem wirren Weg durch ein tausendjähriges, abweisendes Reich. Ein dünner, blasser Schatten, die Augen auf den Boden gerichtet, die Schultern bis an die Ohren gezogen, als würde er stets erwarten, dass jeden Moment ein Sturm über ihn hereinbrechen könnte. Ja, ein Schatten. Irgendwie farblos, der Bub, schwer zu greifen. Nur die Haare, ein wollenes Nest, tiefschwarz, als hätte der schmächtige Körper alle Lebenskraft in diesen unbezähmbaren Wirbel gesteckt. Wie meine eigenen Haare, denkt Fritz, und spürt, wie Marias Hand sanft durch seine dunklen Locken fährt.

»Keiner wartet auf dich in Deutschland.« Marias Worte hallen aus der Vergangenheit zu ihm herüber. Nein, er will nicht an seine Frau denken. Er ist schon zu weit hinabgetaucht ins Dunkel seiner Erinnerungen. Wieder einmal. Wer weiß schon, was dort noch lauert und darauf wartet, ihn in die Tiefe zu ziehen? Wie ein Ertrinkender taucht Fritz an die Oberfläche. Er muss sich zwingen, nicht nach Luft zu schnappen.

Sein Blick fällt auf den Schlehengeist in seiner Hand. Dann auf den Röllmoser. Der schaut ihn an, eine Augenbraue nach oben gezogen. Hat der alte Bauer etwas gesagt? Fritz ist sich nicht sicher. Die Wut ist weitergezogen. Aber sie wartet auf ihn. Sie ist nicht weit. Nie. »Das Brot hol ich dann«, sagt Fritz und geht.

✧

Marianne friert unter ihrer Decke. Vielleicht ist sie deshalb aufgewacht. Es ist eiskalt im Zimmer, an den Fensterscheiben klebt der Frost. Die Wärme aus dem Kachelofen in der Küche, dem einzigen beheizbaren Raum im Hof, dringt nicht hinauf in die Kammer, in der Marianne und ihre Brüder schlafen. Ihre Brüder. Es ist still. Es braucht einen Moment, bis sich Mariannes Augen an die Dunkelheit gewöhnt haben. Aber dann besteht kein Zweifel mehr: Die anderen Betten im Raum sind leer. Hat sie verschlafen? Nein, unmöglich. Auf dem Schwarzwieserhof wird nicht verschlafen. Außerdem ist es noch zu dunkel. Es muss mitten in der Nacht sein. Wo können ihre Brüder um diese Zeit sein? Und warum haben sie Marianne nicht geweckt?

Marianne setzt sich auf und zieht sich die Decke bis unters Kinn. Ihr Blick fällt auf den Schrank an der gegenüberliegenden Wand, auf dem das milchige Mondlicht schimmert. Es ist ein Obstädter Kasten, die Mutter ist sehr stolz auf das teure Möbelstück. Das Holz ist rötlich marmoriert, barocke Ornamente winden sich um vier Bilder, die auf die Türen gemalt wurden und die Natur in den vier Jahreszeiten darstellen. Mariannes liebstes Bild ist das rechts unten: ein Fuchs in einer winterlichen Landschaft, der ihr seinen buschigen Schwanz zuwendet, sie aber mit nach hinten gewandtem Kopf direkt anblickt, als ob er sagen wolle: Komm mit, ich zeig dir ein Geheimnis. Ein Geheimnis. Haben die Brüder ein Geheimnis vor ihr? Haben sie sich deshalb mitten in der Nacht davongestohlen? Marianne stößt die Decke von sich und lässt sich aus dem Bett gleiten. Der Holzboden unter ihren nackten Füßen ist kalt.

Als Marianne an der Tür vorbeikommt, die in die Kammer ihrer Eltern führt, bleibt sie stehen und lauscht. Aber das einzige Geräusch im Haus ist das leise Knacken des sich dehnenden Holzes, das hier vom Kachelofen direkt unter dem Elternschlafzimmer erwärmt wird. Behutsam einen Fuß vor den anderen setzend, schleicht Marianne den Soller entlang, der nur durch einen hellhörigen Fehlboden von der darunterliegenden Flez abgetrennt ist. Kurz vor der Treppe geht eine Tür nach links in die gute Kammer ab. Hier hatten die Eltern das gute Sach eingelagert: Geschirr, Besteck, Schmuck. Das war, bevor die Ausgebombten gekommen sind. Jetzt dringt das leise Schnarchen der Haparta durch die Tür. Vorsichtig tappt Marianne die hölzerne Treppe hinab, die letzte und vorletzte Stufe übersteigt sie mit einem großen Schritt. Ihr lautes Knarzen will sie nicht riskieren. Sie kommt an der Vorratskammer vorbei, der Speis, dann öffnet sie leise die Küchentür. Der Raum ist dunkel und niedrig und warm. Plötzlich hört sie ein Knarren und Seufzen. Das Geräusch ist direkt über ihr. Ganz still steht Marianne da, mitten in der Küche, und horcht. Jetzt hört Marianne nichts mehr. Die Küche ist leer. Marianne tritt ans Fenster und schaut hinaus in den verschneiten, dunklen Hof. Nein, ganz dunkel ist es nicht: Hinter dem Stallfenster kann sie einen schwachen Schein ausmachen. Schnell ist sie an der Haustür, wirft sich hastig einen Mantel über und huscht nach draußen. Der Schnee fühlt sich weich an zwischen den Zehen und beißt auf der Haut.

Als sie die Stalltür öffnet, strömen ihr die wohlbekannten Gerüche und Geräusche entgegen. Der würzige Duft des Heus, der scharfe Gestank des Urins, die süßlichen Ausdünstungen der Tiere, deren Ketten leise rasseln, ein unablässiges Atmen, Schnaufen, Keuchen. Und zwischendrin gedämpfte Stimmen. Marianne schleicht am Futtertisch entlang durch das Heu, den Lichtschein, der ganz hinten im Stall flackert, fest im Blick. Dort sind ihre drei Brüder. Sie sind an einem großen Heuhaufen zu Gange, der Holzschlitten steht daneben, er ist nass.

»Was soll des werden?«

Als sie Mariannes forsche Stimme hören, fahren die Brüder erschrocken herum.

»Herrgottnochmal«, flucht Josef. »Was jagst uns denn so einen Schreck ein?«

Mit ihren neunzehn Jahren ist Marianne nach Josef das zweitälteste der vier Geschwister. Und wenn es darauf ankäme, dann könnte sie ihren schmächtigen großen Bruder jederzeit in den Schwitzkasten nehmen, da ist sie sich ganz sicher. Sie übergeht die Frage und tritt in den Schein der Laterne, die auf dem Stallboden steht.

»Was machts denn da?«

Eingehend mustert sie den Heuhaufen, die Augen zu schmalen Schlitzen verengt. Die Brüder werfen sich einen stummen Blick zu.

»Du darfst aber nix sagen.« Es ist Adi, der jüngste Bruder, der das Wort ergreift.

»So wie ihr mir nix gsagt habts, als ihr euch rausgschlichen habts, ha?« Marianne setzt eine vorwurfsvolle Miene auf und verschränkt die Arme vor der Brust.

»Jetzt tu ned so beleidigt«, fährt Josef seine Schwester an. »Des is keine Arbeit für Weiberleut.«

»Und was soll des für eine Arbeit sein«, will Marianne wissen, »mitten in der Nacht da im Stall?«

Noch bevor Josef antworten kann, bückt sich Max, der mittlere Bruder, und schiebt wortlos das Heu ein Stück zur Seite. Darunter kommt dunkles Metall zum Vorschein, es schimmert matt im Schein der Laterne. Marianne atmet geräuschvoll ein und hält die Luft an.

»Is des die Kirchglockn?«

Max nickt stumm. In seinen Brillengläsern spiegelt sich das flackernde Licht der Laterne. Nicht nur tagsüber ist er der Bruder mit den wenigsten Worten, geht es Marianne durch den Kopf. Dann nickt sie anerkennend und lässt die Luft mit einem Schnauben fahren. Erst vor ein paar Tagen haben sie die Glocke aus dem Kirchturm geholt. Ein paar SSler waren herumgestanden und hatten Anweisungen gegeben in einem schneidigen Ton, der Marianne lächerlich vorgekommen war, so weit weg von der Front. Als Marianne gefragt hatte, was denn mit der Glocke passieren solle, da hatte der angesprochene SSler sie nicht beachtet. Erst als sie ein zweites Mal gefragt hatte, war der Mann herumgefahren und hatte ihr ein gereiztes »Wird eingeschmolzen« hingeraunzt. Und als ob er befürchtet hatte, dass sie nicht schnell genug im Kopf sei, um die Bedeutung seiner Worte zu erfassen, hatte er noch ein »Für den Endsieg« hinterhergeworfen. Mit dem Endsieg schien es den SSlern dann aber doch nicht eilig genug gewesen zu sein, um die Glocke gleich mitzunehmen. Also war sie vor der Kirche an der Friedhofsmauer gestanden und die Dorfbewohner waren mit einem unguten Gefühl an ihr vorbeigeschlichen.

»Die darf ned eingschmolzn werden«, sagt Adi, als ob es einer Erklärung bedürfe.

»Warum habts ihr mir nix gsagt?« Marianne will den Ärger in ihrer Stimme gar nicht erst überspielen. »Ich hätt euch doch gholfen.«

Max zuckt nur mit den Schultern. Es ist Josef, der antwortet: »Ich habs dir doch scho gsagt: Des is nix für Weiberleut. Die tratschen bloß.«

»Ahso«, sagt Marianne und starrt ihren Bruder böse an. »Wenn des so is, was krieg ich dann, damit ich ned tratsch? Könnt scho paar Leut geben im Dorf, die sich wundern, wo die Glockn auf einmal hin is.«

»Die sperren uns ein!« Die Augen vom Adi sind weit aufgerissen. »Oder schicken uns an die Front!«

In dem Moment fliegt die Stalltür auf, vor dem fahlen Mondlicht im Hof zeichnet sich eine breite Gestalt ab. Mit wenigen Schritten ist der Schwarzwieser bei seinen Kindern. Hinter ihm eilt seine Frau, in der Hand hat sie eine Petroleumlampe. Die Augen des alten Bauern packen jedes der vier Gesichter vor ihm, dann legt sich sein Blick auf die halb vom Heu verdeckte Glocke. Weder Marianne noch ihre Brüder wagen es, sich zu rühren oder einen Laut von sich zu geben. Auch nicht, als die flache Hand des Vaters nacheinander in jedes Gesicht klatscht, während die Mutter im Hintergrund die Hände vor der Brust ringt und etwas murmelt, das wie ein Ave Maria klingt. Die alte Schwarzwieserin ist es auch, die als Erste spricht.

»Die erschießen uns!« Sie packt ihren Mann am Arm, in ihren Augen flackert die Panik. »Die erschießen uns doch!«

Der Bauer antwortet nicht. Stumm steht er da und starrt die Glocke an. Seine Kiefer mahlen.

»Die Glockn muss weg, Alois!« Die Stimme der Mutter bebt vor Angst, ihre Finger krallen sich in den Unterarm ihres Mannes. Der steht nur und starrt. Eine Weile ist nichts zu hören außer dem leisen Wimmern der Mutter und dem Schnaufen der Tiere. Dann sagt der alte Bauer »Die

Glockn bleibt da«, dreht sich um und geht ohne ein weiteres Wort zurück ins Haus.

✧

Gebeugt hockt Paul auf der frostigen Erde und zerstochert mit einem Stöckchen die dünne Eisschicht auf der Pfütze vor ihm. Ab und zu wirft er einen Blick hinüber zu den anderen Jungen, die lachend vor dem Schulhaus stehen und keine Anstalten machen, nach Hause zu gehen. Auch Paul will nicht nach Hause. Obwohl er dringend scheißen muss. In seinem Bauch rumort es schon den ganzen Vormittag. Trotzdem kann er sich nicht durchringen, sitzt hier und stochert. Daheim ist keiner. Außerdem ist es kalt in dem kleinen Holzhaus, in dem er mit seinem Tatta wohnt. Auch das Schulhaus ist aus Holz. Eigentlich ist es nur eine langgezogene Baracke mit einem einzigen Klassenzimmer. Aber das ist wenigstens geheizt. Zuhause muss er mit dem Torf sparsam sein. Sein Tatta sagt, die Scheiß-Dörfler gönnen uns nicht einmal ihren Scheiß-Torf. Also müssen sie sparsam sein.

Sein Tatta mag die Leute im Dorf nicht. Er mochte auch die Leute in den anderen Dörfern nicht. Paul versucht sich an die anderen Dörfer zu erinnern. Aber all die fremden Orte, all die fremden Gesichter haben schon vor einer ganzen Weile begonnen, in seinem Kopf zu verschwimmen. Bauernhöfe, Kirchtürme, Klassenzimmer, dunkle Nächte in kalten Kammern. Manchmal fließen die Bilder ineinander und dann weiß Paul nicht mehr, wo das eine Dorf anfängt und wo das andere aufhört. Lehrer, Pfarrer, Bauern, grobe Augen über verriegelten Mündern. Und dann fließen die Bilder wieder auseinander und Paul ist sich nicht sicher, ob das eine Gesicht hierhin oder dorthin gehört oder ganz woandershin.

Es ist schon lange her, dass sein Tatta und er ins Reich gekommen sind. Sie ziehen von Dorf zu Dorf. Einen guten Viechdoktor brauchts überall, sagt sein Tatta. Vor allem jetzt, wo die meisten Männer im Krieg sind. Er sagt das immer dann, wenn sie aus einem Dorf weggehen und sich ein neues suchen. Hin und wieder überlegt Paul, warum sie einen guten

Viechdoktor im Dorf immer bloß für ein paar Wochen brauchen. Er könnte seinen Tatta fragen. Aber das traut er sich nicht. Wahrscheinlich ist sein Tatta so ein guter Viechdoktor und nach ein paar Wochen sind halt alle Viecher gesund und es braucht keinen Doktor mehr. Ja, das muss es sein. Das würde man ihm sagen, wenn er danach fragen würde. Aber dann käme Paul sich dumm vor, weil er es ja eigentlich schon selber weiß und doch gefragt hätte. Und Paul will nicht dumm sein. Denn wenn er dumm ist, macht das seinen Tatta wütend.

Überhaupt ist der oft wütend. Nicht selten fragt sich Paul, ob sein Tatta auch früher schon so wütend gewesen ist. Früher, als sie noch bei Mama gewesen sind. In Südtirol. Paul kann sich an Südtirol kaum mehr erinnern. Aber an seine Mama kann er sich erinnern. Groß ist sie gewesen. Hat schwarze lange Haare gehabt, die im Sommer nach gestockter Sonne und im Winter nach Apfelstrudel gerochen haben. Sie hat viel gelacht, viel und laut. Paul hat oft mitlachen müssen. Obwohl er meistens gar nicht gewusst hat, über was sie eigentlich lacht. Auch sein Tatta hat damals noch gelacht. Zumindest glaubt Paul das. Ganz sicher ist er sich nicht.

»He, Krüppel!«

Paul zuckt zusammen. Die anderen Jungen sind auf ihn aufmerksam geworden. Sein Herz will den Hals hinauf und hinaus aus dem krampfenden Knochenkäfig, mit einem Satz aus dem Rachen und auf und davon. Nein, zeig nicht, dass du dich fürchtest. War er nicht deswegen hiergeblieben? Damit sie ihn sehen?

»Ich red mit dir, Marra!« Der Sollermartin hat sich aus der Gruppe der anderen Jungen gelöst und steuert auf Paul zu. Er ist nicht viel größer als Paul, schlaksig, seine Augen stehen nah beieinander, seine bräunlichen Haare kleben strähnig am spitzen Kopf. »Ich hab dacht, du hast nur einen klumperten Hax. Oder bist auch taub?«

Stumm schüttelt Paul den Kopf. Er schaut nicht auf, auch nicht, als sich der Martin neben ihm aufbaut. Aus den Augenwinkeln kann Paul durchgelatschte Lederschuhe sehen, in denen zwei dünne, nackte Beine *stecken, die nach oben aus Pauls Blickfeld verschwinden. In seinem Bauch sticht und drückt es. Er muss wirklich dringend scheißen.*

»Was is denn des über deine Wascheln, Marra? Sind des Haar oder is da eine Ratz auf deinem Kopf verreckt?«

Paul rührt sich nicht. Das Kichern der anderen Kinder ist weit weg, wie Nieselregen perlt es von seinem zum Panzer erstarrten Rücken. Aber in Kopf und Bauch gärt es.

»Ich glaub, der Itaker is ned bloß lahm, der is auch deppert«, schreit der Martin zu den anderen Buben, die jetzt interessiert herüberlugen.

»Was machst denn da?« Die Stimme vom Sollermartin ist jetzt direkt hinter Paul. »Baden gehen?«

Ein dumpfer Schmerz bohrt sich in Pauls Rücken und schon kniet er auf allen Vieren im braunen Wasser. Das Eis ist gebrochen, kleine Splitter kleben an Pauls Händen, als er sich in eine kniende Haltung hochdrückt. Die Hose hat sich bereits vollgesogen, nasse Kälte kriecht seine Beine hinauf. Mittlerweile sind auch die anderen Jungen herangekommen.

Paul steht auf und schaut auf seine tropfende, schlammige Hose hinunter. Er denkt an seinen Tatta. Hoffentlich kriegt er die Hose trocken, bevor sein Tatta nach Hause kommt. Paul wendet sich zum Gehen.

»Wo magst denn hin, Marra?« Der Martin vertritt ihm den Weg. »War doch ned bös gmeint. Is doch bloß Spaß gwesen!« Er streckt Paul seine Hand hin. »Jetzt tu ned so eingschnappt. Komm, im Klassenzimmer kannst deine Hosn trocknen.«

Aufmunternd schaut ihn der Martin an. Seine Hand ist noch immer ausgetreckt. Paul ergreift sie zögernd.

»Na, schau, geht doch«, sagt der Sollerbub und schiebt Paul in Richtung Schule. Auch die anderen Jungen folgen. Wie ein gieriges Wolfsrudel, das Paul in die Mitte nimmt und wachsam zur Höhle geleitet. An der Türschwelle hält der Soller die anderen zurück.

»Halt, halt, wo wollts denn alle hin? Lassts den Mann doch in Ruh seine Hosn trocknen. Oder wollts ihr bloß sein Zipfel sehen?«

Halb empörtes, halb belustigtes Gemurmel. Der Martin schiebt Paul in den Raum und schließt hinter ihm die Tür.

»Lass dir Zeit, Marra, pressiert nix«, ruft er von draußen.

Paul steht regungslos im leeren Klassenzimmer, Staub treibt vor den vom Mittagslicht durchhellten Fenstern. An der Stirnseite die Tafel, davor das Lehrerpult. Die Schulbänke. Der Ofen an der Wand. Paul ist allein. Sein Hintern fühlt sich an, als würde er gleich überkochen. Mechanisch und ohne darüber nachzudenken, zieht Paul die schmutzige Hose aus und hängt sie auf einen Stuhl neben dem Ofen. Aber der ist schon kalt. Ich muss nach Hause, durchfährt es Paul. Warum ist er nicht gleich nach der Schule heimgegangen? Hastig schlüpft er zurück in die klammen Hosenbeine. Der nasse Stoff auf seiner Haut lässt Ekel in ihm aufsteigen. Mit schnellen Schritten ist er an der Tür, packt die Klinke und drückt. Aber die Tür bewegt sich nicht. Durch das Holz hört er die Jungen lachen. Er drückt kräftiger, rüttelt am Griff, wirft sich gegen die Tür. Das Lachen draußen ist in ein triumphales Johlen übergegangen.

»Lassts mich raus«, sagt Paul leise. Zu leise. Paul hasst seine Stimme dafür. Von draußen kommt keine Antwort. Da packt ihn das kalte Grausen. »Lassts mich raus«, schreit er. »Ich muss heim.«

»Ach, geh, Marra«, hört er den Sollermartin. »Was willst denn daheim? Is doch so schön in der Schul.« Durch die Türe dringt das Gegacker der Kinder.

»Bitte.« In Pauls Augen treten Tränen der Wut. »Machts die Tür auf.«

»Geh, woher denn?« Die Stimme vom Martin ist ganz nah, gleich hinter der Tür. »Is deine Hosn scho trocken?«

»Ich muss aufn Abort.«

Draußen quietschen die Jungen vor Vergnügen.

»Bieseln oder scheißen?« Die Stimme vom Sollermartin überschlägt sich fast vor Freude.

»Scheißen«, flüstert Paul.

»Was? Ich versteh dich ned.« An die anderen gewandt zischt der Martin: »Jetzt seids halt still. Lassts den Mann reden.«

Aber Paul sagt nichts. In seinem Hals brennt ein Kloß, seine dünnen Arme zittern vor Wut oder vor Kälte oder vor Angst.

»Ich hör nix«, ruft der Martin.

»Scheißen«, sagt Paul.

»Lauter.«

»Scheißen«, schreit Paul und stürzt sich noch einmal gegen die Tür. Mit aller Kraft drischt er die Fäuste auf das Holz. Draußen bricht ein Sturm des Gelächters los. Pauls Hintern brennt, sein Darm schiebt und drückt. Die Aufregung macht alles nur noch schlimmer. In seiner Not lässt Paul von der Tür ab und drückt sich die Arschbacken mit beiden Händen zusammen. Nein, nein, nein. Nicht jetzt. Nicht hier. Panisch schaut er sich im Zimmer um. Er kann es nicht mehr zurückhalten.

»Lassts mich raus«, sagt er noch einmal, aber kaum hörbar und mehr zu sich selbst, dann reißt er sich mit einem Ruck die Hose herunter. So steht er im Klassenzimmer, weißärschig, die dürren Beine gespreizt, die Knie leicht angewinkelt. Seine Augen irren ziellos durch den Raum. In letzter Sekunde und ohne es zu wollen oder verhindern zu können, steckt er die Hand nach unten. Er spürt die weiche, warme Masse zwischen seinen Fingern.

»Er hat sich in die Hand gschissen.« Der Martin kann sein Glück kaum fassen. »Er hat sich wirklich in die Hand gschissen!«

Entgeistert blickt Paul zum Fenster. An die Scheibe gepresst sieht er das verzückte Sollergesicht. Jetzt tauchen andere Köpfe auf, die Jungen schieben sich gegenseitig aus dem Weg, um einen Blick auf Paul zu ergattern. Der steht wie angefroren an Ort und Stelle, die nasse Hose hängt zwischen seinen Knöcheln, der Kot dampft in seiner Hand.

Wie lange Paul so dasteht, weiß er nicht. Nach und nach verschwinden die Gesichter, das Gelächter entfernt sich. Selbst das Interesse an einem Scheißhaufen in der Hand eines Krüppels hält offenbar nicht ewig. Als Paul sich aus seiner Starre löst, ist der Klumpen schon beinahe kalt und krustig.

Die offene Hose mit einer Hand am Saum haltend, tritt Paul ins Freie. Es ist hell. Er blinzelt. Er geht ein paar Schritte, da fällt ihm der Brocken in seiner Hand ein. Angewidert lässt er ihn ins Gras fallen. Dann bückt er sich und taucht seine Hand in die Pfütze, in der er vorhin gelegen ist. Vorhin. In einem früheren Leben. Im braunen Wasser sieht er den Schatten seines Kopfes, seiner Schultern, die heftig zittern. Warme Tränen fließen über seine Wangen und tropfen vom Gesicht ins kalte Wasser. Schluchzer beuteln seinen frierenden Körper. Da fühlt Paul eine Hand auf seiner Schulter. Er hat niemanden kommen hören. Seine Muskeln versteifen sich vor Schreck.

»Tu ned weinen, Paule.«

Paul kann die Stimme nicht gleich einordnen. Vorsichtig dreht er den Kopf. Neben ihm kniet der dicke Wast. Paul kennt den Jungen, der im Klassenzimmer direkt neben dem Ofen sitzt und sich mit dem Lesen schwer tut. Er ist klein und rund, seine semmelfarbenen Haare sind kurz und platt und beginnen erst ganz weit oben am Kopf über einer hohen Stirn, die den Jungen aussehen lässt, als würde er sich andauernd über irgendetwas wundern. Der dicke Wast lebt bei seinem Opa und seiner Oma. Oben am Bahnhof. Sein Opa ist Eisenbahner. Das weiß Paul, weil der dicke Wast es in der Schule erzählt hat. An dem Tag, als jedes Kind erzählen musste, was sein Vater von Beruf ist. Aber der dicke Wast hat keinen Vater. Also hat er von seinem Opa erzählt. Was mit dem Vater vom dicken Wast ist, das weiß Paul nicht. Auch nicht, was mit seiner Mutter ist. Denn eine Mutter hat der dicke Wast auch nicht.

»Tu ned weinen«, wiederholt der Bub und fügt hinzu: »Der Wast singt dir ein Lied.«

Paul ist sich nicht sicher, ob er richtig gehört hat. Aber da fängt der dicke Wast schon mit glockenheller Stimme zu singen an.

»Im Wald fast in der Mitten,
Beim Erlenbründl draußt,
Da hat in seiner Hütten
A alter Klausner ghaust …«

Als der dicke Wast nach einigen Minuten fertig ist, bemerkt Paul, dass er ganz vergessen hat, zu weinen. Und dass er sein Gegenüber mit offenem Mund anstarrt. Er klappt den Mund zu, ohne seine Augen von dem Jungen abzuwenden, der da vor ihm steht und plötzlich ganz rot im Gesicht wird, als wäre ihm etwas Peinliches eingefallen.

»Der Klausner und der Räuber«, murmelt der dicke Wast verlegen. Als Paul nichts darauf erwidert, fügt er hinzu: »So heißt des Lied. Mein Opa sagt immer, dass oben am Büchsenberg wirklich mal ein alter Klausner gwohnt hat.«

»Was ist ein Klausner?«, fragt Paul, der seine Sprache wiedergefunden hat.

»So was wie ein Heiliger, glaub ich.« Der dicke Wast zuckt unsicher mit den Schultern. »Jedenfalls muss es ein gscheiter Mann gwesen sein. Weil alle Kinder ausm Dorf sind zu ihm hin und haben lesen und schreiben und rechnen glernt bei ihm.«

»Wie in der Schule«, sagt Paul und ärgert sich gleich, dass er so etwas Einfallsloses gesagt hat.

»Genau, wie in der Schul.« Der dicke Wast lächelt schüchtern. »Ich mag die Schul ned.«

»Ich auch nicht«, sagt Paul und steht auf. Seine Hand wischt er an seiner Hose ab. Ist eh schon egal.

»Ich mag lieber auf Spatzen schießen«, sagt der dicke Wast und schaut auf seine Zehenspitzen.

»Auf Spatzen schießen?« Pauls Interesse ist geweckt. »Mit was denn?«

»Na, mit der Schleuder.« Der dicke Wast schaut verwundert aus. »Mein Opa macht die besten Schleudern auf der ganzen Welt.«

Paul weiß nicht genau, was er sagen soll. Also wischt er sich noch einmal die Hand an der Hose ab. Die Augen vom dicken Wast huschen an Pauls Bein hinab, dann wieder nach oben.

»Magst sie anschauen?«

Paul nickt.

»Ich such die Äst aus und mein Opa hilft mir mitm Leder.« Der dicke Wast reicht Paul schon die dritte Schleuder. Sein rundes Gesicht glänzt vor Stolz. Wie ein Lampion, der die schummrige Kammer erhellt. Paul dreht und wendet das Holz in seinen Händen. Es ist eine schöne Schleuder. Der dicke Wast zieht eine Blechschachtel unter dem Bett hervor.

»Schau mal.« Er öffnet den Deckel und hält die Schachtel unter Pauls Nase. »Schön, gell?«

Das Licht, das durch das kleine Fenster hereinfällt, bricht sich in dem bunten Glas, das in der Blechschachtel ruht.

»Keiner im Dorf hat mehr Schusser als wie ich.« Das Gesicht vom dicken Wast sieht jetzt gleichzeitig stolz und verwundert aus. Paul nimmt eine der Murmeln aus der Schachtel und hält sie gegen das Licht. In ihrem Inneren funkelt es rötlich. Wie ein Edelstein, gefangen in glattem Eis.

»Auf jedem Skapulierfest darf ich mir welche kaufen, wenn ich ein Geld hab«, erklärt der dicke Wast und nimmt ebenfalls eine der kleinen Glaskugeln aus der Schachtel. »Schau mal die.« Die Murmel in seiner Hand ist durchzogen von bläulichen Schlieren. »Des is mir die Liebste.«

»Du hast dein eigenes Geld?« Paul legt die Murmel zurück in die Schachtel.

»Ja, mein Opa sagt, wenn man was haben mag, dann muss man sichs verdienen.« Auch der dicke Wast legt seine Murmel zurück und schließt den Deckel.

»Und wo kann man was verdienen?« Paul hat noch nie eigenes Geld gehabt. Wie das wohl wäre, selbst Geld zu haben?

»Die meisten Buben helfen im Sommer aufm Feld. Wenn die Mähmaschin da gwesen is«, sagt der dicke Wast und schiebt die Blechschachtel vorsichtig zurück unters Bett. Paul weiß, dass das Gras nach dem Mähen ein paar Mal von Hand zum Trocknen gewendet werden muss, bevor es in die auf den Feldern rund um das Dorf verteilten Heustadel gefahren wird. Eine ziemliche Plackerei. Der Blick vom dicken Wast streift Pauls Fuß.

»Aber ich tu lieber Scheren fangen.« Der dicke Wast hat seinen Blick von Pauls Fuß losgerissen. »Ein paar von den Bauern zahlen ned schlecht.« Auch im Dorf, in dem Paul und sein Tatta im vergangenen Sommer waren, hatten sich die Dorfjungen ein paar Pfennige verdient, indem sie Maulwürfe, die sie hier Scheren nennen, auf den Feldern der Bauern fingen. Bezahlt wurde pro gefangenem Tier, weshalb sich die besten Jäger stolz mit möglichst vielen Maulwurfskadavern schmückten, bevor sie am Zahltag das Geld in Empfang nahmen. Sein Tatta hatte es ihm aber verboten, beim Scherenfangen mitzumachen. Genauso wie er Paul verboten hatte, zur Hitlerjugend zu gehen. Oder zu den sonntäglichen Heldengedenkfeiern am Aßlinger Kirchplatz.

»Was is mit deinem Fuß?«

Die Frage reißt Paul aus seinen Gedanken. Er muss sich kurz sammeln. Dann strafft er die Schultern und sagt: »Klumpfuß.«

Der dicke Wast nickt bedächtig. Paul kann ihm ansehen, dass er mit seiner Antwort nicht viel anfangen kann. Aber der dicke Wast fragt nicht weiter.

»Hab ich schon immer«, ergänzt Paul, als ob das irgendetwas erklären würde.

»Tuts weh?«, fragt der dicke Wast.

Paul schüttelt den Kopf. »Nicht so wie die Schläge von meinem Tatta.« Er bereut es sofort und müht sich ein kratziges Lachen ab, um das Gesagte wieder einzufangen. Aber es ist zu spät. Jetzt ist es draußen.

»Tatta? Is des dein Papa? Dein Papa haut dich?« Jetzt ist die Verwunderung auf dem Gesicht vom dicken Wast echt.

Paul zuckt die Schultern. »Er mag mich nicht.« Wieder erschrickt Paul über die Worte, die da aus seinem Mund purzeln. Schnell schiebt er nach: »Ich ihn aber auch nicht.« Warum hat er das gesagt? Er kennt den dicken Wast doch eigentlich gar nicht. Und der dicke Wast kennt ihn nicht. Und seinen Tatta auch nicht. Außerdem weiß Paul gar nicht, ob das wirklich stimmt, was er da sagt. Sofort ziehen sich die Schuldgefühle in seinem Bauch zu dicken Knoten zusammen.

»Immerhin hast noch einen.« Der dicke Wast schaut auf den Boden. Die Knoten in Pauls Bauch werden ganz hart. Da blickt der andere Junge auf und sagt: »Aber hauen darf er dich trotzdem ned.«

»Wenigstens hat er mich nicht verraten.« Jetzt ist es Paul, der auf den Boden starrt. »Wie meine Mama.«

✧

Johann stopft die letzten Schoatn in den Sack, dann bindet er ihn zu. Das Schälgut ist ein hervorragendes Brennmaterial und einer der praktischen Vorteile, die seine Position als Bahnhofsvorsteher mit sich bringt. Zur Zeit lagern am Aßlinger Bahnhof rund zweihundert Ster Papierholz, schätzt Johann. Die etwa zwei Meter langen, Papiermusl genannten Rundlinge werden von den Bauern das ganze Jahr über an der Güterhalle angefahren. Dort nimmt sie der Girgl in Empfang, der in klirrender Kälte und drückender Hitze den Bast von den Rundlingen schält und sie für den Abtransport in die Papierfabrik nach Raubling vorbereitet.

Früher hatte Johann noch zwei Säcke mitgenommen. Das war gewesen, als der Anton und die Theres noch gelebt und sie beide Öfen im Haus beheizt hatten. Jetzt brennt nur noch der untere Ofen. Es gibt Tage, da fällt es Johann schwer, sich an das Gesicht von der Theres zu erinnern. Seltsam, denkt er dann, dabei hat er seine Schwiegertochter doch ihr ganzes Leben lang gekannt, von Kindesbeinen an. Er fragt sich dann, ob es damit zu hat, dass quasi mit dem Verlöschen des einen Lebens ein neues Leben in die Welt gekommen war, schreiend und rotgesichtig und voller Schleim und Blut. Ja, an das Blut kann sich Johann noch gut erinnern. Viel Blut war da, das war nicht zu übersehen gewesen, auch wenn das meiste verdeckt war von den hektischen Bewegungen der Ursch und der Hebamme. Wie viel sein Sohn damals wohl von dem Blut gesehen hat, fragt sich Johann. Wahrscheinlich genug. Anton war erst vom Wirt gekommen, als es schon vorüber war. Da war seine Frau schon tot und sein Sohn schon am Leben. Er hatte das wimmernde Bündel in den Hän-

den der Hebamme kurz angeschaut, dann seine tote Theres, dann wieder den Bub. Sebastian, hatte er gesagt und war dann in die Nacht hinaus.

Sebastian. Den dicken Wast nennen die anderen Kinder seinen Enkel. Als ob er es nicht schon schwer genug hätte. Gedankenverloren schüttelt Johann den Kopf. Nichts fällt dem Bub leicht, das Lesen nicht, das Schreiben nicht und Freunde finden, das auch nicht.

Seufzend zieht Johann den Knoten fest und hebt den Sack auf seine Schulter. Der Wast, die Ursch, ich, ein Sack. Es ist ein anderes Leben, eins ohne den Anton und ohne die Theres und mit nur einem Sack Schoatn. Johann nickt dem Girgl zu, der das Nicken stumm erwidert, ohne in seiner Arbeit innezuhalten. Na, bald bin ich in Pension. Johann rückt den Sack auf seiner Schulter zurecht und setzt sich in Bewegung. Ob der Girgl auch irgendwann einmal in Pension geht? Nein, der steht hier noch am jüngsten Tag und haut das Holz zurecht. Johann lächelt gedankenverloren.

Auf dem Rückweg zum Stellwerk kommt er an der Viehrampe vorbei. Hier waren bis gestern noch die Waggons mit den riesigen Funkmasten gestanden. Die sind mittlerweile abtransportiert worden, nach Frauenneuharting. Was genau die Masten in dem aus einer Handvoll Bauernhöfen bestehenden Ort sollen, das hat man Johann nicht gesagt. Aber es gibt Gerüchte. In Frauenneuharting und auf den umliegenden Höfen sind Techniker der Reichspost einquartiert. Und sogar zwei Philologen. Was genau ein Philologe ist, weiß Johann nicht. Hat irgendwas mit Sprache zu tun, so viel hat er verstanden. Und das passt auch gut zu den Gerüchten, dass da mitten im Nirgendwo eine Wellenforschungsanstalt gebaut werden soll. In Gedanken formuliert er das schwierige Wort Silbe für Silbe: Wel-len-for-schungs-an-stalt. Muss irgendetwas mit Funkwellen zu tun haben, überlegt Johann. Wollen wahrscheinlich feindliche Funksprüche abhören. Deshalb auch die Philologen. Jedenfalls ist er froh, dass die Stahlungetüme von seinem Bahnhof verschwunden sind. Die wären der amerikanischen Luftaufklärung nicht ewig verborgen geblieben. Gerade als Johann unter dem hölzernen Vordach des Bahnhofsgebäudes angekommen ist, hört er das Knacken des Streckenfernspre-

chers durch die offene Tür des Stellwerks. Er stellt den Sack vor die Tür, tritt hinein und nimmt den Hörer ab.

Johann steht auf dem Bahnsteig und beobachtet, wie sich der schwere Zug Waggon um Waggon auf das Abstellgleis neben Viehrampe und Güterhalle schiebt. Die Weichen ächzen unter dem Gewicht und Johann kann ihre Last beinahe auf seinen Schultern spüren. Warum ausgerechnet Aßling, fragt sich Johann seit dem Anruf vor drei Stunden nun schon sicher zum hundertsten Mal. Der Offizier am anderen Ende der Leitung war kurz angebunden gewesen und hatte keinen Zweifel daran gelassen, dass Fragen zu seinem Befehl unerwünscht waren. Es ist nicht der vollständige Führersonderzug, so viel hat Johann immerhin verstanden. Und dass es mehrere solche Züge gibt, die als mobile Führerhauptquartiere genutzt werden, das ist ihm natürlich bekannt. Als erstes rollt ein unscheinbarer Waggon bis zum Prellbock. Gepäckwaggon, sagt der Soldat, der neben Johann auf dem Bahnsteig steht, den Karabiner über der Schulter, und eine Zigarette nach der anderen raucht. Es folgen der Befehlswaggon mit Konferenzraum und Funkstation, ein Speise- und ein Gästewagen. An manchen Waggons kann Johann die Panzerplatten, die den Zug und seine wichtigen Passagiere schützen sollen, deutlich erkennen, an anderen nicht. Das vordere Ende bildet ein Waggon, auf dem eine Flak thront und ihren schwarzen Lauf drohend in den blauen Himmel über dem Dorf reckt. Amerika, geht es Johann durch den Kopf, was für ein passender Deckname für einen Führersonderzug. Dann hoffen wir mal, dass Amerika nicht von den Amerikanern entdeckt wird. Wenn der sorgenvolle Klumpen in seiner Brust nicht wäre, dann hätte das hier fast schon lustig sein können.

Johann hat den Bub schon gesehen, als er noch um die Waggons des Hitlerzugs geschlichen ist. Aber er hat lang gebraucht, bis ihm eingefallen ist, wen er da beobachtet. Dürr ist der Junge, einen dunklen Schopf hat er und Johann meint, ein leichtes Hinken zu erkennen. Aber das scheint ihn nicht sonderlich zu beeinträchtigen, denn nachdem er sich prüfend umgesehen hat, klettert der Bub blitzschnell am Gästewagen hoch und schlüpft durch die offenbar nicht abgesperrte Tür hinein. Das ist auch der Moment, in dem bei Johann der Groschen fällt: Das ist der Sohn vom neuen Viechdoktor. Marra, genau, so heißt er. Seltsamer Name, geht es Johann durch den Kopf. Wie der Bub mit Vornamen heißt, das weiß er nicht.

Das schmächtige Kind ist so in seine Arbeit vertieft, dass es Johann erst bemerkt, als der es grob am Ohr packt und in die Höhe reißt.

»Hab ich dich, Bürscherl.«

Der Bub quiekt vor Schreck und Schmerz und jetzt erst sieht Johann, in welche Arbeit der Junge so versunken gewesen ist. Feinsäuberlich hat er mit seinem Taschenmesser ordentliche Streifen aus dem guten Leder des Sitzpolsters geschnitten.

»Was soll denn des werden?«, fragt Johann und deutet auf die sorgfältig aufgereihten Lederstreifen. Dabei zieht er das rotglühende Ohr noch ein Stück höher. Der Bub schnappt nach Luft.

»Die sind nicht für mich«, japst der Gefangene. Er steht jetzt auf Zehenspitzen und schaut Johann aus Augen an, die sich rasch mit Tränen füllen.

»Soso, die sind also ned für dich.« Johann zieht noch ein wenig fester, der Junge kann sich nicht noch höher strecken und schreit auf. »Des muss ja wer ganz Wichtiges sein, für den du da den Führer aussackelst.«

Der Bub unterdrückt ein Schluchzen und nickt, was ihm in seiner eingeschränkten Haltung mehr schlecht als recht gelingt.

»Für meinen Freund. Der braucht die doch für seine Schleudern«, sagt er. Seine Stimme ist sehr leise. »Für den dicken Wast.«

Da lässt Johann das Ohr los. Kurz stehen sie sich in dem engen Gang zwischen den gepolsterten Sitzbänken gegenüber. Johann schaut den Bub an. Der Bub schaut Johann an. Dann quetscht sich der Junge überraschend flink an Johann vorbei und ist im nächsten Moment aus dem Zug. Langsam beginnt Johann zu nicken, ein Lächeln breitet sich auf seinem Gesicht aus. Dann schaut er sich im Waggon um. Sein Blick fällt auf eine Kiste, die zwischen den Rückenlehnen zweier Sitzbänke verstaut ist. Er zieht sie hervor und wuchtet sie auf das zerschnittene Polster, so dass nichts von der Beschädigung zu sehen ist. Dann steckt er die Lederstreifen in seine Hosentasche, schließt die Tür des Waggons und marschiert pfeifend zurück zum Stellwerk.

✧

Wieder kommt der Lastwagen, auf dessen Ladefläche Otto zusammen mit vierzehn anderen Männern sitzt, schaukelnd zum Stehen. Seit sie das letzte Bauerndorf hinter sich gelassen haben, geht es nur noch stockend vorwärts. Aßling hieß der Ort, ein paar Bauernhöfe, ein paar Häuser, eine Kirche, ein Bahnhof, ein steiler Hügel mit einem großen Holzkreuz auf dem Gipfel. Durch wie viele solche Dörfer er bereits gekommen ist? Otto hat aufgehört zu zählen. Schon tauchen nach einer langgezogenen Kurve die nächsten Häuser oben am Hügel auf. Der Anfang der langen Kolonne aus Lastern, Kübel- und Mannschaftswagen ist bereits zwischen den ersten Gebäuden verschwunden, langsam windet sich der Rest der Metallschlange hinterher.

Immer nach Norden, geht es Otto durch den Kopf, immer weiter nach Norden. Seit Monaten schon befindet sich die Italienarmee, der Otto als Obergefreiter angehört hat, auf dem Rückzug. Nein, nicht Monate. Eigentlich geht es bereits seit der Landung der Tommies bei Reggio di Calabria nur noch in eine Richtung. Nach Norden. Anfang September 1943 war das gewesen. Otto muss an seine Kameraden denken. Er beneidet sie nicht darum, dass sie noch da unten sind, in Italien. Die Versorgungslage war nie besonders gut gewesen. Aber in den letzten Monaten hatte sie sich immer weiter verschlechtert. Es gab kaum noch Benzin, was aber egal war, denn viele funktionstüchtige Fahrzeuge waren eh nicht mehr übrig. Auch Artilleriemunition und Verpflegung waren knapp. Das zumindest war irgendwie gerecht. Nix zu fressen für niemanden, nicht für den Mensch und nicht für die Kanone. Die Einsatzbereitschaft konnte nur durch strenge Rationierung aufrechterhalten werden. Schlimmer noch als fehlendes Benzin, fehlende Munition und fehlende Verpflegung war die fehlende Luftunterstützung. Tagsüber donnerten die feindlichen Flugzeuge über ihre Köpfe hinweg, jedes Mal mussten Otto und seine Kameraden sich in einen Graben verkriechen wie Ratten in ihr Loch. Truppenbewegungen oder Nachschublieferungen waren nur noch nachts oder bei schlechtem Wetter möglich. Wie viel Hitler davon wusste, als er in seinem Erlass vom 22. Februar 1945 jeden Rückzug verbot, das hatte sich Otto immer wieder gefragt. Wenn kein Wunder geschieht, verrecken wir alle in diesem Scheißland, hatte Otto gedacht, als er von dem Führerbefehl erfuhr.

Dann war das Wunder geschehen. Sein persönliches Wunder. Man hat Otto nach Deutschland zurückbefohlen. Als gelernter Maschinenschlosser soll er zu einer Ausbildungseinheit stoßen, die im Raum München stationiert ist. So heißt es zumindest in dem Schreiben. Ob er seine neue Einheit dort wirklich findet, ist bestenfalls ungewiss. Denn das ruhmreiche deutsche Heer ist in Auflösung begriffen. Anders kann sich Otto die Massen an Soldaten nicht erklären, die von Süden und Osten in Richtung Westen und Norden strömen wie eine tausendfach gebrochene Welle. Und auf ihrer blechernen Krone reitet Otto heim ins Reich.

Anfahren, bremsen. Anfahren, bremsen. So geht es stotternd den Hang hinauf, die Männer auf der Ladefläche werden ordentlich durchgeschüttelt. Jetzt passiert der Lastwagen den Dorfeingang. Es hat zu nieseln begonnen, wie ein kalter Schleier legt sich die Nässe auf Männer und Maschinen. An der ungeteerten Straße stehen ein paar dürre Kinder und ausgemergelte alte Männer. Hinter einem hölzernen Viehgatter sieht Otto eine Frau mit Schürze und Kopftuch. Sie mustert die Fahrzeuge mit unbewegter Miene.

Gerade als Otto an ihr vorüberrollt, brandet ein Schrei über die Köpfe der Soldaten hinweg, flutet die Kolonne entlang und bricht sich an den Wänden der umliegenden Häuser. Otto ist sofort auf den Beinen. Von einer Sekunde auf die andere hat sich der Haufen apathisch ins Leere stierender Männer in eine brodelnde Masse aus Armen, Beinen und Leibern verwandelt, die panisch von der Ladefläche schwappt. Ein Ellenbogen trifft Otto ins Gesicht, er strauchelt, fühlt das Blut aus seiner Nase schie-

ßen, rappelt sich auf, wird gestoßen, fällt, rappelt sich wieder auf, jetzt ist er unten auf der Straße, ein schwerer Stiefel tritt auf seine Hand, Otto stöhnt vor Schmerz, da schlägt die erste Bombe weiter vorne in die Kolonne, Männer schreien, weitere Explosionen folgen, Otto hört vereinzelte Schüsse, wie Knallerbsen klingen sie gegen das Brüllen der Bomben, ein brennender Schmerz beißt in Ottos Rücken, er fällt, kommt auf die Beine, da vorne ist ein Haus, gleich ist er da, hinter ihm platzt etwas mit einem ekelerregenden Knacken, die Druckwelle trägt Ottos Körper durch den Splitterregen einer geborstenen Scheibe, er knallt gegen eine zitternde Wand, er muss weiter, weg von den Fahrzeugen, weg von den Häusern, da drüben, den Hügel hinauf zum Wald, es ist nicht weit, Otto drückt sich ab und rennt los.

Als Otto in den Schatten der Bäume taucht, wird es beinahe schlagartig stiller. Die Schreie und Explosionen dringen nur gedämpft herein in das braungrüne Gewölbe. Otto taumelt vorwärts, stolpert, kämpft sich über Wurzeln, duckt sich unter tiefhängenden Ästen hindurch. Jetzt erst wagt er es, stehen zu bleiben. Vorsichtig fasst er mit einer Hand an seinen Rücken. Er spürt etwas Nasses und hebt die Hand vor seine Augen. Blut glänzt rot auf seiner blassen Haut. Der Lärm ist jetzt verstummt, nur das leise Rauschen über ihm dringt an Ottos Ohr. Er schaut nach oben, zwischen den Ästen und Zweigen und Nadeln hängen kleine Himmelsfetzen, er muss weiter, da sickert schon die Dunkelheit seitwärts in sein Blickfeld, schiebt sich vor die Augen wie schwere Türen.

Es ist finster. Der Boden unter ihm ist kalt und feucht und weich. Otto versucht sich die letzten Stunden in Erinnerung zu rufen. Die Kolonne, das Dorf, die Flugzeuge, langsam kehren die Bilder zurück. Stöhnend wälzt sich Otto auf die Seite. Sein Rücken brennt. Er tastet nach hinten, seine Hand berührt etwas Hartes, ein wütender Schmerz galoppiert durch seinen Körper. Als er seine Hand zurückzieht, ist sie voll frischem Blut. Mühsam kommt Otto auf die Knie und schaut sich um. Er muss hier weg. Er weiß nicht, wie lange er hier gelegen ist. Und wie viel Blut er verloren hat. Er muss hier weg. Aber wohin? In welche Richtung liegt das Dorf? Otto stemmt sich ächzend hoch, die Wunde in seinem Rücken pocht, er stolpert los, über Äste, durch Gestrüpp, an einem gluckernden Graben entlang, immer weiter durch den schwarzen Wald. Als sich Otto das nächste Mal an einem Baum abstützt, schwer schnaufend, muss er einsehen, dass er sich verlaufen hat. Dass er nicht weiß, in welche Richtung sich das Dorf und seine Kameraden befinden. Scheiße, scheiße, scheiße. Suchend blickt sich Otto um, einen Anhaltspunkt, mehr braucht er nicht. Da, da unten in der Senke. Licht. Otto setzt sich in Bewegung, alle paar Meter muss er an einem Baum innehalten und Kraft sammeln, aber ja, jetzt ist er sicher, da ist ein Haus, ein kleines Haus, mitten im Wald. In einem Fenster brennt ein schwacher Lichtschein. Misstrauisch beobachtet er das zwischen die Bäume geduckte Häuschen. Aber nichts bewegt sich. Otto kann spüren, wie der dunkle Saft aus ihm heraussickert. Schwer atmend steht er in der Finsternis und wartet, als ihn ein naher Flügelschlag vor Schreck zusammenzucken lässt. Er macht einen Schritt vorwärts, dann noch einen. Als er vor der Tür steht, schließt er kurz die Augen. Dann klopft er an.

Etwa eine Woche ist es jetzt her, seit Otto an die Tür des kleinen Häuschens geklopft hat. Zenz und Lies, die hier zusammen mit ihrem großen, schwarzen Hund leben, haben keine Fragen gestellt. Überhaupt reden sie nicht viel. Und die wenigen Worte, die sie benötigen, kann Otto meist nicht verstehen. Ihre Mundart klingt so, wie die beiden Frauen aussehen: alt und rau. Otto schätzt Zenz und Lies auf etwa siebzig Jahre. Aber so genau kann er das nicht sagen, denn sie bestehen nur aus Haut und Knochen und Runzeln und könnten auch viel älter sein. Oder jünger. Wer kann schon wissen, was so ein Leben im Wald mit einem menschlichen Körper macht? Noch in der ersten Nacht hatte die Zenz ihm den Splitter aus dem Rücken gezogen und die Wunde danach mit einer Flüssigkeit ausgewaschen, die gebrannt hatte wie Höllenfeuer. Auf dem Fleisch und auch im Rachen.

Die Wunde schmerzt noch immer, aber trotzdem nimmt Otto das kleine Beil, das neben der Tür lehnt, und tritt hinaus in den klammen Morgennebel. Lies, die vor dem Haus mit etwas beschäftigt ist, dessen Sinn sich Otto nicht erschließt, schaut von ihrer Tätigkeit auf. Ihr Blick fällt auf das Beil in Ottos Hand. Missbilligend schüttelt sie den Kopf und wendet sich wieder ihrer Arbeit zu.

Das Holzhacken tut Otto gut. Er ist schwach, er ist langsam und er muss viele Pausen machen, um zu Atem zu kommen und darauf zu warten, dass der Schmerz gnädig zurück in seine Höhle kriecht. Aber trotzdem, das Holzhacken tut Otto gut. Die kalte Luft, die in seinen Lungen brennt, ist eine willkommene Abwechslung zum Brennen im Rücken. Auch die Bewegung fühlt sich gut an. Aber am besten ist es, endlich etwas Sinnvolles zu tun, zu arbeiten, zu helfen. Viel zu lange ist Otto auf der schmalen Holzbank neben dem Herd gelegen, unfähig, seinen einsilbigen Gastgeberinnen zur Hand zu gehen. Ruhig ist es hier im Wald. Otto genießt die Stille um ihn herum, die Monotonie seiner körperlichen Arbeit, die Gegenwart der beiden alten Frauen und ihres zotteligen Tieres, das ruhig auf der Türschwelle liegt und ihn beobachtet, aus Augen schwarz wie feuchter Teer. Den Namen des Hundes hat Otto bisher noch nicht herausgefunden. Vielleicht hat er auch keinen.

Der würde dir gefallen, Ernst, denkt Otto und muss lächeln. Ja, Hunde hat sein Sohn schon immer geliebt. Otto muss daran denken, wie Ernst, gerade erst hat er das Laufen gelernt, an seiner Hand den Sodenkamp entlang wackelt. Jedes Mal, wenn ein Hund in Sicht kommt, durchläuft ein Zittern den kleinen Körper, das freie Händchen reckt sich und ein freudiges Krähen schallt aus dem weit aufgerissenen Mund. Und als der Junge größer wird, wächst diese Liebe mit: Jeder Hund in der Nachbarschaft wird begrüßt, gekrault, später dann stolz ausgeführt. Ein eigenes Tier, nein, in der kleinen Wohnung wäre das nicht gegangen. Aber jetzt, mit dem Haus am Wiesengrund. Ja, das wird das Erste sein, worum sich Otto kümmert, wenn er nach Hause kommt. Ein Hund für Ernst. Ein eigener Hund. Ja. Das Heimweh schwillt aus der Brust in den Hals hinauf. Otto muss das Beil aus der Hand legen. Er kennt das Gefühl *gut. Es ist sein ältester und treuester Begleiter in diesem Krieg. Seit dem ersten Tag reist es an seiner Seite, sitzt neben ihm am Morgen, am Mittag und am Abend, kriecht unter seine Decke, wenn er sich zum Schlafen legt. Mal brennt es stärker, mal schwächer. Aber es brennt. Und jetzt …*

Jetzt ist er in Deutschland. So nah ist er der Heimat schon lange nicht mehr gekommen. Otto muss an Käthe denken. Komm mir bloß wieder, das hat sie bei jedem Abschied gesagt, ganz genau so: Komm mir bloß wieder. Und dabei den Kragen seiner Uniform mit beiden Händen glattgestrichen. Otto hat jedes Mal gelacht, salutiert und gesagt: Am Stück. Er spürt das Stechen in seinem Rücken, dort, wo der Tod ihm seinen metallenen Finger ins Fleisch gebohrt hat. Am Stück, ja. Otto fährt sich mit der Hand von der Stirn aus nach unten übers Gesicht. Aber er hat eine Pflicht zu erfüllen. Für sein Land. Für den Führer. Sein Rücken pocht. Und überhaupt: Wer von seiner Truppe getrennt wird, muss sich bei der nächsten Einheit melden. Sonst geht es vors Kriegsgericht. Aber die alte Einheit ist noch in Italien. Und die neue ist … wer weiß das schon? Bin ich bereits ein Fall fürs Kriegsgericht, überlegt Otto. Sein Rücken pocht. Der Hund schaut ihn aus seinen Teerklumpenaugen an.

Von der bewaldeten Anhöhe, auf der Otto steht, hat er einen guten Blick über die hügelige Voralpenlandschaft. Da unten, nicht weit von einem winzigen Dorf, stehen in einer Senke zwei riesige Masten am Waldrand. Hinter ihm knackt es. Otto dreht sich zu Lies um, die ein großes Bündel trockener Zweige unter dem Arm trägt.

»Was ist das?«, fragt Otto und zeigt hinüber zu den dunklen Masten.

Die Lies zuckt mit den Schultern. Otto probiert es noch einmal.

»Gehören die der Wehrmacht? Was machen die da unten?«

»Irgendwos weans scho macha«, sagt die Lies, klaubt ein paar Zweige vom Waldboden und wirft einen kritischen Blick auf den spärlichen Reisig in Ottos Hand. Dann wendet sie sich zum Gehen.

Otto wirft einen letzten Blick hinüber zu den Stahltürmen, dann folgt er der alten Frau in den Wald.

Das Feuer im Herd prasselt und knackt, davor liegt der namenlose Hund und schläft. Die Lies steht am Herd, um ihre Hüfte eine verwaschene Schürze, auf der einmal ein blaues Blumenmuster gewesen sein muss. Die Zenz sitzt am Tisch. Sie liest wie jeden Abend in einem Buch, dessen Umschlag so vergilbt ist, dass Otto keinen Titel darauf erkennen kann. Einmal hat er die Zenz gefragt, was sie da lese. Es war ein Abend gewesen genau wie dieser, Herd, Feuer, Hund. Die Zenz hatte nur kurz aufgeschaut, dann hatte sie bedächtig ihre Hand zum Mund geführt, mit dem angefeuchteten Finger behutsam die Seite umgeblättert und weitergelesen.

»Ich muss oft an die anderen denken«, sagt Otto in die prasselnde und knackende Stille hinein, als hätte ihn jemand nach seinen Gedanken gefragt. »Meine Kameraden.«

Die Zenz lässt ihr Buch einen Zentimeter weit sinken und blickt auf, ohne den Kopf zu heben. Die Lies hantiert am Herd.

»Ich meine«, fährt Otto fort und schaut dabei den Hund an, dessen Ohren im Schlaf zucken. »Ich meine, die sind noch da unten. In Italien. Kämpfen fürs Vaterland. Und ich …« Otto macht eine Pause, dann schüttelt er den Kopf. »Und ich bin hier.« Er blickt auf, seine Augen suchen die von der Zenz.

»Na gähst hoid wieda obe«, sagt sie und vertieft sich wieder in ihr Buch.

Für den Rest des Abends herrscht Schweigen.

Das Wasser der Quelle ist eiskalt, Otto kann seine Finger kaum mehr spüren. Was dringender gewaschen werden muss, sein stinkendes Unterhemd oder die vollgesogenen Lumpen, mit denen die Zenz seine Wunde abgedeckt hat, ist schwer zu sagen. Die Quelle liegt nicht weit von dem kleinen Häuschen, sie sprudelt aus einem moosbewachsenen Felsen und plätschert weiter unten über eine Stufe, das Licht bricht sich schillernd im fallenden Wasser. Gerade als Otto mit steifen Fingern sein Unterhemd auswringt, gerät der Wald in Schwingung. Als wären die Bäume Saiten einer gigantischen Harfe, schwebt ein Summen durch den Wald, das mit jeder Sekunde an Macht gewinnt. Plötzlich dröhnt ein großer Schatten tief über die Baumkronen hinweg. Otto muss den Kopf weit in den Nacken legen, um einen Blick auf das Flugzeug über ihm zu erhaschen. Weitere Schatten streichen donnernd über seinen Kopf hinweg. Die Erkenntnis trifft Otto, noch bevor die Bomberstaffel außer Sicht ist. Er lässt sein Unterhemd fallen und jagt dem Dröhnen am Himmel hinterher.

Auf der bewaldeten Kuppe bleibt er stehen, unten in der Senke sieht er die von einer Rauchwolke eingehüllten Überreste der Stahlmasten, von denen sich nur noch verbogene Stummel in den Himmel recken. Über das Feld verteilt, schwelen dutzende Krater wie schwarze Wunden im satten Grün der Wiese. Und dazwischen, ja, da bewegt sich etwas. Ein Mensch? Ein kleiner Mensch. Ein Kind. Otto stürmt den Hang hinab.

Als er an den Kratern ankommt, sind schon einige Leute aus dem nahen Weiler vor Ort. Jetzt erkennt Otto auch die Trümmer eines völlig zerstörten Gebäudes unweit der Masten. Männer wühlen im rauchenden Schutt, Otto watet durch Holz und Scherben, zieht an einem geborstenen Brett, es ist noch heiß.

»Da, da herüben«, schreit einer der Männer.

Sofort stürzt Otto zu ihm, andere Männer folgen. Gemeinsam zerren und reißen und stemmen sie und legen nach und nach den ersten Körper frei. Zuerst ein Bein, dann ein zweites, Arme, nein, es sind zwei Körper, eine Frau und ein kleiner Junge. Der hohe Klagelaut eines Kindes weht über dem Feld.

Otto beobachtet den Krankenwagen, der auf dem Feldweg zum Stehen kommt. Eine Rotkreuzhelferin steigt aus. Jung, so um die zwanzig vielleicht, mittelgroß, rotbraune Haare, Sommersprossen. Viele Sommersprossen. Sie beugt sich über das Mädchen, das wie durch ein Wunder überlebt hat. Unverletzt. Ihren Vater und ihre beiden Schwestern haben die Männer nicht gefunden. Natürlich liegen sie da unter den Trümmern, jeder hier weiß das. Aber es hat keinen Sinn. Das, was sie noch finden werden, kann man in keinen Leichensack legen. Geschweige denn in einen Sarg. Otto lässt seinen Blick über das zerschundene Gelände schweifen. Hier draußen von einer Bombe getötet zu werden, mitten im Nirgendwo. Die Familie war offenbar erst vor Kurzem aus München geflohen. Vor den Luftangriffen. Otto schüttelt den Kopf. Ja, die Baracke, in der die Familie untergekommen war, stand nicht weit weg von den Masten. Aber auch nicht ganz nah. Der Bombenschütze hatte eindeutig schlecht gezielt. Oder gut. Otto betrachtet die großen, grauen Fundamente, die sich nahezu unbeschädigt aus dem Gras erheben. Die geborstenen und geschmolzenen Stahlstreben, die aus dem Beton ragen, sehen aus wie vereinzelte Haare auf einer kranken, schuppigen Kopfhaut. Jemand reicht eine Flasche, niemand stellt Fragen. Otto nimmt einen tiefen Schluck. Die Flüssigkeit flammt seinen Rachen hinab wie der Selbstgebrannte aus dem Häuschen im Wald. Er muss an Ernst und Käthe denken und nimmt noch einen zweiten Schluck.

16. AUF 17. JULI 1945

Otto spürt, wie ihn jemand unsanft rüttelt. Dumpf dringt eine Stimme durch den Nebel, der sich um sein Bewusstsein wölkt. Er hört seinen Namen. Otto kennt die Stimme. Ernst? Jetzt nähert sich ihm ein Gesicht. Eingefallene Wangen, abgebrochener Schneidezahn, roter Bart. Seeräubervisage. Heinrich.

»Wat is mit dir? Otto, hörste mich? Otto?«

Wieder wird Otto durchgerüttelt. Seine Rippen schreien vor Schmerz. Die Schreie. Otto versucht sich zu konzentrieren. Die Schreie sind noch da. Um ihn herum. Überall. Seltsam.

»Nu komm, Mann«, sagt Heinrich, der neben ihm auf dem Boden kniet. »Wir müssen raus hier!«

Raus? Ach ja, richtig, der Waggon. Otto wird unter den Armen gepackt, er kann fühlen, wie sein Oberkörper über das Holz gezogen wird.

»Meine Beine«, flüstert Otto mehr zu sich selbst.

Heinrich hört ihn trotzdem. »Sind noch dran. Kannste die bewegen? Wir müssen hier wech.«

Otto schüttelt den Kopf.

»Was ist los? Wo sind wir?«

Die Worte kosten Otto unendlich viel Kraft.

»Dat is ne Falle«, sagt Heinrich.

Ein Ruck geht durch Ottos Körper, es ist, als würde er fliegen, dann sieht er den Nachthimmel über sich. Der Mond ist hell und schön. Um ihn herum ist Bewegung, Schatten rauschen hin und her, Otto kann Stimmen hören, er sieht Trümmer und Menschen im Mondlicht und kann sich doch keinen Reim darauf machen. Heinrichs Hände packen ihn wieder unter den Armen, Otto sieht seine Beine, sie schleifen hinter ihm wie der Schwanz einer Eidechse, erst über Schotter, dann über Gras.

»Schweine«, keucht sein Kamerad. »Bringen uns zurück. Oder zum Franzmann. Oder zu den Russen. Nee, Kinners, nich mit mir.«

»Mein Mantel«, flüstert Otto, »mein Mantel.«

»Haste doch an«, schnaubt Heinrich, während er Ottos Körper rückwärts die Böschung hinaufzieht.

»Die Briefe.« Ein eisiger Klumpen krampft sich in Ottos Magen zusammen. »Meine Briefe.«

»Nu reiß dich ma zusammen, Mann«, fährt ihn Heinrich an. »Weißte noch die Wlassow-Männer? Willste im nächsten Zug nach Osten sitzen?«

Über Ottos Kopf beugen sich jetzt dunkle Äste wie lange Arme. Der Mond verschwindet hinter den Blättern.

»Käthe«, krächzt Otto, »Ernst.«

Da gerät Heinrich ins Straucheln. Otto spürt, wie sein Rücken auf den Boden prallt, ihm wird schwarz vor Augen. Doch da packen ihn zwei Hände und rütteln und rütteln und rütteln.

»Reiß dich zusammen«, schreit Heinrich, seine Nase ist dicht vor Ottos Gesicht, seine Augen rollen wild in ihren tiefliegenden Höhlen. »Wir müssen wech hier!«

»Bitte«, flüstert Otto, »lass mich ausruhen. Nur kurz.«

»Nich jetzt. Wir müssen weiter.«

»Nur kurz hinlegen«, sagt Otto und lässt den Kopf tief in den weichen Waldboden sinken.

»Wat is mit dir?«

»Ich komm gleich nach.«

»Du faules Stück«, sagt Heinrich und schüttelt den Kopf. Sind das Tränen in den Augen seines Freundes? Seltsam.

»Nur ganz kurz«, flüstert Otto und schließt die Augen.

»Scheiße, Otto ...«

✦

»Du musst mir dein Pferd geben!« Fritz hält den Kirmaierlenz an beiden Schultern gepackt.

Der dreht und windet sich. »Aber ...«

»Nix aber.« Fritz schaut ihm ins regennasse Gesicht und nimmt ihm die Zügel aus der Hand. Der Lenz wehrt sich nur schwach. Die Tür des Wirtshauses öffnet sich, von drinnen schwappt lautes Stimmengewirr hinaus in die Nacht, eilige Schritte entfernen sich in alle Himmelsrichtungen. »Ich darf keine Zeit verlieren. Du sagst dem Hainzinger Bescheid.« Er dreht den Lenz in Richtung des Dorfangers, wo das Gendarmeriehaus steht, und gibt ihm einen sanften Stoß.

Der Lenz macht ein paar Schritte und dreht sich um.

»Aber …«, stammelt er noch einmal.

Aber da ist Fritz schon aufgesessen und treibt das Pferd vorwärts. Er dreht sich nicht um, als er in der Dunkelheit verschwindet.

Der dampfende Pferdekörper, der Fritz im Galopp über das Berger Feld und am Boschert-Wäldchen vorbei trägt, hat etwas Beruhigendes. Als Fritz sich dem bewaldeten, finsteren Talhang nähert, auf dem der Bahndamm von Nord nach Süd verläuft, ist es in seinem Kopf seltsam still. Der Regen hat nachgelassen, das Gewitter ist weitergezogen. Fritz hört den gedämpften Hufschlag auf der nassen Erde, den schnellen Atem des Pferdes, er nimmt sogar das Zucken der warmen Muskeln am Hals des Tieres wahr. Und da ist noch etwas anderes, das an seinem Bewusstsein schabt, feine Risse in seine Wahrnehmung ritzt, noch nicht groß genug, als dass sich die Wirklichkeit zu ihm hindurchzwängen könnte.

Was ihn da oben wohl erwartet? Fritz zügelt das Pferd und schaut sich um. Die trüben Lichter des Dorfes sind nur schwach durch den Dunst zu erkennen. Er lenkt das Tier den Hang hinauf und taucht in die Dunkelheit des Waldes ein, als sich plötzlich eine Tür in seinem Kopf öffnet. Mit der Erbarmungslosigkeit aller neun Höllenkreise bricht über sein Bewusstsein herein, was es bis gerade eben noch außer Reichweite zu halten vermochte. Die Stille in seinem Kopf wird brutal zerrissen von gellenden Schreien, die durch den leeren Wald schneiden. Von den Bäumen hin und her geworfen, hallt ein Kreischen und Heulen, das nichts Menschliches an sich hat. Das Pferd wiehert und bockt. Jetzt kann Fritz auch Rufe und Stimmen wahrnehmen in dem Getöse, das nicht nur das Tier, sondern auch seine eigenen Sinne zu lähmen droht. Er steigt ab, bindet das Pferd an einen Baum, der Strick entgleitet seinen Fingern, er hebt ihn auf, versucht erneut einen Knoten, es gelingt ihm mehr schlecht als recht, er rennt los.

Als Fritz aus dem Wald und auf den Bahndamm tritt, kann er das Bild, das sich ihm bietet, nicht einordnen. Vor ihm auf dem Gleis steht eine lange Reihe dunkler Waggons, zwischen denen sich schattenhafte Gestalten bewegen. Die Szenerie wird nur spärlich vom matten Mond beleuchtet. Milchig schimmert er durch die Wipfel der Bäume, die sich wie stumme Beobachter von beiden Seiten über die Gleise beugen. Unten entreißen die schwachen Lichtkegel einiger weniger Laternen der Dunkelheit immer neue Einzelheiten. Links von Fritz türmt sich ein unförmiger, schwarzer Berg auf. Er erkennt gesplittertes Holz, verbogene Eisenteile, geborstenes Blech. Dahinten ragen die Umrisse einer großen Lokomotive in den Nachthimmel. Neben dem Bahndamm, halb zwischen den Bäumen, liegt ein großes, tiefschwarzes Etwas, das alles Licht aufzusaugen scheint. Noch während sein Bewusstsein versucht, die Bilder zu einem Eindruck zu ordnen, erblickt Fritz den ersten Körper. Vor ihm, ein paar Meter über den Gleisen, scheint ein Mensch zu schweben, seltsam verdreht, Arme und Beine recken sich in grotesken Winkeln in die Luft. Das Licht einer Laterne huscht über den Toten und Fritz sieht das Eisenteil, das sich durch den Körper gebohrt hat und ihn nun wie ein Mahnmal in den Nachthimmel hebt. Fritz weicht zurück und stolpert über ein herausgerissenes Holzbrett, das auf dem Gleisbett liegt. Er strauchelt und stützt sich am Waggon direkt neben ihm ab. An seiner Hand spürt er eine warme, zähe Flüssigkeit. Er muss nicht hinsehen, um zu wissen, was da aus dem Wagen auf den Schotter tropft. Durch das Holz hört er ein Geräusch. Fritz atmet tief ein. Schreie. Gestalten ziehen Körper aus den Trümmern. Schreie. Fritz erkennt Wehrmachtsuniformen. Schreie. Fritz presst beide Hände gegen seinen schmerzenden Schädel.

Da hastet eine Gestalt mit einer rötlichen Signallaterne an ihm vorbei. Fritz packt sie am Arm. »Wie viele?«

Der Andere schaut ihn aus schreckgeweiteten Augen an. Er trägt eine Eisenbahnermütze und Uniform. Es sieht aus, als bräuchte sein Blick einen Moment, um sich auf Fritz zu fokussieren.

»Ich weiß nicht«, stößt der Mann hervor. »Viele.« Er will sich losmachen, doch Fritz' Hand schließt sich wie ein Schraubstock um seinen Oberarm.

»Da drüben ist das Bahnwärterhaus.« Fritz zeigt nach Norden. Der Mann nickt. »Da muss es einen Tisch geben. Bring ihn her.« Der Eisenbahner schaut ihn verständnislos an. »Beeil dich, Mann!«, schreit Fritz in das aschfahle Gesicht. Der Mann setzt sich in Bewegung. »Und bring jedes Messer mit, das du finden kannst!«, brüllt Fritz ihm hinterher.

✦

Die Verbindung ist tot. Nur gleichmäßiges Rauschen dringt aus dem Streckenfernsprecher. Das ist nicht gut, geht es Johann schon zum hundertsten Mal durch den Kopf. Er hat alles probiert, hat das Gerät sogar so weit auseinandergenommen, wie er es sich zugetraut hat. Und dann hat er es wieder zusammengebaut. Geholfen hat es nicht. Es muss an der Leitung liegen. Johann schüttelt wütend den Kopf. Das Gewitter ist weitergezogen, einmal hat es noch einen Schlag getan, als würde der Himmel über dem Dorf einstürzen. Das war kurz nachdem der Ami-Zug hier durchgekommen ist. Johann hat die Panzer auf den Waggons als große, dunkle Schemen an seinem Fenster vorbeirauschen sehen, Geschütztürme, Kanonen, Laternenschein auf nassem Stahl. Nach dem Knall war Johann hinausgegangen auf den Bahnsteig und hatte nach rechts geschaut und nach links und nach oben in den Himmel. Dann war er zurück ins trockene Stellwerk und hatte den Fernsprecher zusammengeschraubt.

»Jackl«, ruft er nicht zum ersten Mal und viel zu laut in den Apparat. »Jackl, hörst mich?«

Da klopft es an das große Fenster. Johann hängt den Hörer ein und späht nach draußen, aber da geht schon die Tür auf und die wuchtige Gestalt des Dorfgendarmen steht mitten im Stellwerk. Das Wasser tropft dem Hainzinger von der Kappe und aus dem Schnurrbart, der breit über seinen wulstigen Lippen thront. Fragend schaut Johann den Gendarmen an.

»Hast es noch ned ghört, gell?«, sagt der Hainzinger, nimmt seine Mütze ab und schüttelt sie, so dass die Tropfen durch den Raum fliegen und auf dem Tisch sowie dem Fernsprecher landen. Johann bemerkt es ärgerlich und schüttelt den Kopf.

»Was soll ich ghört haben?«

»Es hat einen Unfall geben. Zwei Züge. Im Berger Holz Richtung Elkofen.«

Die Worte des Gendarmen ergeben für Johann keinen Sinn. Welche Züge? Aus München war kein Zug angekündigt gewesen. Und der Zug mit dem Gefangenentransport ist schon lange durch und der Ami-Zug, den hat er … die Rückmeldung aus Oberelkofen … wenn der erste Zug noch nicht … wenn das gar keine … die Rückmeldung … aber dann … der zweite Zug muss dann ungebremst …

Als die Teile in seinem Kopf zueinanderfinden, geben Johanns Knie nach und er muss sich am Tisch festhalten. Für seine Leibesfülle reagiert der Hainzinger erstaunlich schnell. Er packt den Eisenbahner mit einer Hand unter dem Arm, mit der anderen Hand zieht er einen Stuhl heran.

»Schlimm?« Für einen ganzen Satz reicht Johanns Kraft nicht.

Der Hainzinger nickt.

»Tote?« Johanns Atem geht flach und stoßweise.

Der Andere nickt wieder nur.

»Wie viele?«

Der Hainzinger zuckt mit den Schultern. »Viele.«

Nachdem eine Zeitspanne vergangen ist, die in Johanns Wahrnehmung wenige Sekunden, aber auch mehrere Jahre hätte umfassen können, räuspert sich der Hainzinger.

»Jetzt geh zu, Pongratz. Mir müssen los.«

Der Dorfgendarm setzt sich die nasse Kappe auf den Kopf und tritt ins Freie.

»Mir gehen zu Fuß an den Gleisen entlang, es kann ned weit sein.« Der Hainzinger dreht sich noch einmal um. »Nimm deine Laterne mit.«

Wie in Trance nimmt Johann die große Petroleumlampe vom Haken und tritt auf den Bahnsteig. Plötzlich dreht sich die Welt von innen nach außen, Johann spürt seine Knie auf dem harten Boden aufschlagen, versteht es nicht, sein Mageninhalt klatscht vor ihm auf den Bahnsteig, ein beißender Geruch dringt in seine Nase, er muss die Augen zusammenkneifen, würgt, seine Fingernägel kratzen über den Asphalt. Als er zu sich kommt, sieht er den Lichtkegel der Taschenlampe vom Hainzinger schon zwischen den ersten Bäumen tanzen. Mühsam kommt er auf die Beine, spuckt ein paar kleine Brocken aus und setzt sich wankend in Bewegung. Vor ihm verlieren sich die Schienen in der Finsternis, wie eine Straße ins Nichts, Boden, Bäume, Himmel verschwimmen im Regen zu einer flimmernden Masse. Die Angst vor dem, was dort im Dunkeln auf ihn wartet, lähmt Johanns Gedanken. Er stolpert los, wie ein Schlafwandler, barfuß und nackt und ohne ein Licht, das ihm den Weg weist. Die Laterne steht dunkel und kalt auf dem Bahnsteig.

✦

Zwischen den Bäumen taucht ein Lichtschein auf. Das könnte das Bahnwärterhaus sein, das mitten im Wald liegt, etwa ein, zwei Kilometer nördlich von Aßling. Ja, so muss es sein, Marianne ist sich sicher. Das gellende Schreien ist jetzt zu einem infernalischen Chor angewachsen, auch die beiden Soldaten hören es. Es ist Marianne nicht entgangen, als die Männer einen stummen Blick ausgetauscht haben. Sie dreht den Kopf und sieht die Anspannung in dem fremden Gesicht neben ihr. Dann kommt der Lastwagen stotternd zum Stehen, vor ihnen ist das Bahnwärterhäuschen, in dessen kleinen Fenstern Licht brennt. Marianne klettert aus dem Führerhaus und macht Platz für den ihr nachfolgenden Soldaten. Dabei stolpert sie beinahe über etwas, das hinter ihr auf dem Boden liegt. Sie kann sich auf den Beinen halten und schaut sich um. Neben dem kleinen Häuschen liegt eine Reihe zugedeckter Körper, Marianne erkennt sie an den Stiefeln, die unter den zu kurzen Decken hervorschauen. Eine Decke ist verrutscht, sie gibt den Blick auf ein stilles Gesicht frei, das vom Schein des Fensters über ihm in sanftes Licht getaucht ist. Zwischen den Haaren glänzt dick und dunkel das Blut.

Marianne kennt den Ort. Sie ist als Kind ein paar Mal hier gewesen. Ist an den steilen Felsen geklettert. Hat mit den Jungen aus dem Dorf geheime Lager im Wald gebaut. Sie kann das jetzt finstere Gelände vor sich sehen, ausgeleuchtet vom Tageslicht ihrer Erinnerung. Da hinten die steile, etwa fünfundzwanzig Meter hohe Felswand, an die sich ein paar Buchen krallen. Die kleinen Quellen, die aus dem Stein sprudeln und in mäandernden Bächlein zwischen Eichen und Fichten die Böschung hinab zum Bahndamm plätschern. Von dort fällt der Hang sanft Richtung Osten ins Atteltal ab, auf der anderen Seite des Tals erkennt Marianne die Lichter des Mooskasparhofs und die bewaldete Kirchbergleiten, den nördlichen Ausläufer des Büchsenbergs.

Und mitten hineingesetzt in diesen friedlichen Ort hat sich der Tod. Er hockt da auf den Schienen zwischen den ineinander- und übereinandergeschobenen Waggons, die sich wie eine Ziehharmonika in den Nachthimmel falten. Manche davon sind so zerdrückt, dass Marianne nicht erkennen kann, wo der eine aufhört und der nächste anfängt. Einer steht mit dem Vorderteil in die Höhe, etwas baumelt von ihm herab. An einem anderen Waggon mühen sich vor Anstrengung und Verzweiflung brüllende Männer ab, die verkeilte, schwere Schiebetür zu öffnen. Ihr Schreien vermischt sich mit den Hilferufen aus dem Inneren des Wagens. Nicht weit von ihnen entfernt sieht Marianne einen Mann an der Böschung im Gras sitzen. Den Kopf zwischen den Knien, schaukelt er sanft vor und zurück. Sein Wimmern ist in dem Lärm kaum zu hören.

Der da im Gras sitzt. Die da in den Waggons. Die unter den Decken am Bahnwärterhäuschen. Die alle waren für uns im Krieg. Marianne hat den Satz oft von ihrem Vater gehört. Die sind für uns im Krieg, hatte der alte Schwarzwieser ein ums andere Mal gesagt, wenn die Sprache auf die Männer kam, deren Plätze in der Kirche, im Wirtshaus, daheim am Küchentisch leer waren. Das hatte wohl heißen sollen, dass diese Männer in den Krieg gezogen waren, um ebenjenen fernzuhalten von Haus, Hof und Familie und dass man dafür dankbar sein solle. Marianne hatte dann jedes Mal einen Stich gespürt. War es schlechtes Gewissen gewesen? Angst? Wut? Ihr Blick gleitet über Trümmer, Panzer, Zug- und Menschenteile. So muss es auf einem Schlachtfeld aussehen, denkt Marianne. Dabei ist der Krieg doch vorbei. Der Bombenangriff auf den Bahnhof, auf die Wellenforschungsanstalt, ja, da war noch Krieg. Aber jetzt? Jetzt ist der Krieg noch einmal ins Dorf zurückgekommen. Einen Stich spürt Marianne dieses Mal nicht. Ihre Gefühle sind gut und tief und fest verschlossen.

✦

Pauls Gedanken rasen im Kreis. Wie die Bilder in der Wundertrommel vom dicken Wast. Da ist ein Affe drin gewesen in der Wundertrommel. Der ist auf einem Hund geritten. Oft haben die beiden Jungen ihm zugeschaut, wie er im Kreis geritten ist, der Affe. Auf dem Hund. Angekommen ist er nicht, der Affe. Und der Hund auch nicht. Und die Gedanken von Paul kommen auch nicht an. Warum kommt sein Tatta nicht heim? Ist er tot? Hat ihm seine Mutter deswegen die

Geschichte von der Uhr erzählt? Damit Paul Bescheid weiß, wenn es so weit ist? Was soll er jetzt machen? Paul starrt ins Dunkel. Im Holz um ihn herum knackt es leise. Das Donnern des Gewitters klingt nur noch schwach aus der Ferne herüber.

Da bemerkt Paul, dass das Dorf um ihn herum zum Leben erwacht. Er hört Rufe, Türen werden geschlagen. Vom Dorfanger, wo die US-Kommandantur im Café Petzinger untergebracht ist, dringt das heisere Geräusch anspringender Motoren. Paul schlägt die Decke zurück und tritt ans Fenster. In den Häusern, die er von hier sehen kann, flammt nach und nach Licht auf. Er sieht Schatten, die sich auf den Straßen bewegen. Vorne am Kirchplatz und am Anger tasten Lichtkegel durch die Nacht und verschwinden wieder im Dunkeln. So steht Paul lange, ohne sich zu bewegen. Aber in seinem Kopf drehen sich die Gedanken weiter. Sie toben und sie schreien, ohne dass ein Laut nach draußen dringt. Die Lichter in den Fenstern verlöschen eins nach dem anderen, Stille senkt sich wieder über das Dorf. Nur manchmal meint Paul, ein fernes Heulen zu vernehmen. Hinter dem Büchsenberg zeichnet sich bereits ein fahler Lichtstreif ab, als es Paul wie ein Schlag trifft. In seinem Kopf ist es mit einem Mal ganz still. Kein Affe mehr, kein Hund. Er muss seinen Tatta finden. Er muss wissen, was passiert ist. Paul schlüpft in seine durchgelaufenen Schuhe und tritt hinaus in die dampfige Nacht.

Das Gras ist kühl und nass vom Gewitter. Aber Paul kann riechen, dass es ein heißer Tag wird. Die Luft ist schwer und satt. Paul überlegt, ob er den dicken Wast wecken soll. Aber dann fällt es ihm wieder ein. Er schüttelt den Kopf, um den Gedanken zu vertreiben, und macht sich auf den Weg zum Kirchplatz. Er begegnet keiner Menschenseele. Der Platz ist leer. Das Regenwasser steht in schwarzen Pfützen, die aussehen, als gingen sie ins Bodenlose. Paul macht einen Bogen um sie. Auch die Fenster vom Alten Wirt sind dunkel und starren ihn feindselig an. Paul starrt zurück.

Da hört Paul ein Rasseln, das rasch näherkommt. Lichter tanzen über die Wand des Wirtshauses und über Paul hinweg. Er schließt die Augen. Als er sie wieder öffnet, stehen zwei Lastwagen mit laufendem Motor vor ihm. Auf ihren mit Stoff bespannten Aufbauten prangt ein weißer Stern. Da taucht aus dem Fenster des vorderen Fahrzeugs ein Kopf auf. Weiße Augen blicken aus einem schwarzen Gesicht auf Paul herab. Ein Mund öffnet sich und gibt den Blick auf große, weiße Zähne frei. In Pauls Kopf schiebt sich eine dämonische Fratze mit aufgerissenen Augen und gebleckten Zähnen. Doch die Stimme, mit der ihn das Gesicht anspricht, ist freundlich:

»Hey, boy! Wo Älkoufen?«

Wie eingefroren steht Paul auf dem dunklen Kirchplatz und starrt den Soldaten an.

»Älkoufen. Du wissen?«, wiederholt der Mann.

Es ist, als würden Pauls Gedanken mühsam durch eine klebrige Masse waten. Stumm blickt er in das sonderbare Gesicht über ihm. Der Kopf des Soldaten verschwindet. Paul hört Stimmen aus dem Führerhaus. Dann kommt das schwarze Gesicht mit den weißen Augen und den weißen Zähnen wieder zum Vorschein.

»Zug? Älkoufen. Du wissen? Zug?« Der Mann ahmt das Geräusch eines fahrenden Zugs nach. Aus dem Inneren des Fahrzeugs hört Paul ein Wort, der Soldat am Fenster wiederholt es. »Unfoll.«

Plötzlich legen sich die Gedankenfetzen in Pauls Kopf übereinander und ergeben ein Bild. Der Knall, das Knirschen, das Heulen, die Rufe, die Lichter, die Motoren. Er zeigt auf die Straße, die vor der Ampletzervilla nach Westen abzweigt und weiter in Richtung der Gleise, nach Lorenzenberg und Oberelkofen führt. Der Blick des Soldaten folgt seinem Arm. Er nickt Paul kurz zu. Knarrend rollen die Lastwagen an Paul vorbei, der noch sieht, wie die roten Lichter hinter dem Millihaus verschwinden. Dann rennt er los.

DREI MONATE ZUVOR

Dieses Mal ist es eine Rechenaufgabe, die der Plöchinger gerade an die Tafel kratzt, als der Fliegeralarm losgeht. Der Ton schraubt sich von einem trägen Seufzen hoch zu einem klagenden Heulen, das über die Dächer und Felder fliegt. Als ob die Sirene müde wäre, denkt Paul. Müde vom Krieg. Tatsächlich heult die Luftschutzsirene in den letzten Wochen beinahe täglich. Aßling liegt nicht weit weg von München. Und offenbar ist die ausgeblutete Stadt noch nicht zerstört genug, als dass die feindlichen Bomber dort keine lohnenden Ziele mehr fänden. Ab und zu werfen die Piloten auch in der Nähe des Dorfs eine Bombe ab. Damit sie nicht mit Pulver unterm Arsch landen müssen, sagt sein Tatta. Trotz des Verbots der Eltern haben die Krater eine große Anziehungskraft auf die Dorfjungen. Aber es kann schon auch passieren, dass die Bombe gar nicht in einer Wiese landet. Sondern zum Beispiel in einem Obstgarten. Wie letztens in Dichau. Dort hat sie zwei Apfelbäume zerrissen und einen Zwetschgenbaum und einen kleinen Jungen.

Paul erhebt sich mit dem Rest der Klasse. Der Dorflehrer hat den Zeigestock vom Pult genommen. Damit dirigiert er das Hitlerlied, das die Kinder bei jedem Fliegeralarm singen. Die Kerschgrubermari ist einmal nach Hause gerannt, noch bevor das Lied zu Ende gewesen ist. Paul hat sehen können, wie ihr beim Singen die Furcht hinter den Augen gehockt ist. Am nächsten Tag hat ihr der Plöchinger fast das Ohrwaschel ausgerissen, so fest hat er daran gezogen.

Ein anderes Mal, die Klasse hatte das Hitlerlied brav bis zum Ende gesungen, ist Paul mit dem dicken Wast aufs Dach vom Kerschgruberstadel geklettert, um die Flieger besser sehen zu können. Sie hatten ihre Brotzeit ausgepackt und zusammen in den Himmel geschaut, durch den die Bomber wie schwarze Hornissen in Richtung Stadt gedröhnt sind. Als der Kerschgruberknecht sie entdeckt und heraufgebrüllt hat, dass er sie totschlagen würde, ist der dicke Wast vor Schreck vom Dach gefallen. Paul hat gesehen, wie sein Freund noch im Fallen in sein Brot gebissen hat. Ja, da ist er sich ganz sicher. Unten hat der Kerschgruberknecht den dicken Wast dann doch nicht totgeschlagen. Wahrscheinlich hat ihm der gebrochene Hax des Buben, der da im Dreck gelegen ist und mit vollem Mund geschrien hat, als Strafe schon gereicht. Paul schaut auf den leeren Platz vom dicken Wast. Dessen Bein ist immer noch gebrochen und wächst jetzt bereits seit über zwei Wochen zusammen. Paul stellt sich vor, wie sein Freund daheim allein im Zimmer sitzt und seine Schusser anschaut. Wieder und immer wieder. Weil auf Spatzen schießen, das geht wahrscheinlich gerade nicht so gut.

Als das Lied zu Ende ist, drängen die Kinder zur Tür hinaus. Paul hat es nicht eilig. Als Letzter tritt er ins Freie und sucht den Himmel mit den Augen ab. Flieger sind keine zu sehen. Vielleicht sind sie schon vorbei. Oder zu weit weg. Oder Fehlalarm. Vor der Schulbaracke steht eine Gruppe Jungen. Es wird lebhaft gestritten und wild gestikuliert. Mitten in dem Gedränge steht der Sollermartin. Paul kann nur Gesprächsfetzen hören.

» … waren mir doch scho …«

»… der am Sonnenanger is uralt …«

Als Paul an den Jungen vorbeikommt, verlangsamt er seinen Schritt, um besser hören zu können.

»Die Berger sagen, dass sie einen neuen haben. Einen großen.«

»So ein Schmarrn. Die Schmierschachtelindianer kennen doch einen Bombenkrater ned von einem Scheißhaus auseinander.«

Gerade als Paul seine Schritte beschleunigt und sich in Richtung Kirche wendet, hört er, wie jemand seinen Namen ruft.

»Marra. He, Marra. Kommst mit nach Lorenzenberg? Den Krater anschauen.« Die Stimme gehört dem Halpersingerquirin.

Paul bleibt stehen. In seinem Kopf drehen sich die Gedanken so schnell wie ein Brummkreisel. Soll er sich umdrehen? Oder einfach weitergehen?

»Oder traust dich ned?« Der Quirin lacht.

Paul dreht sich um und schaut dem segelohrigen Halpersingerbub ins Gesicht.

»Freilich trau ich mich.« Pauls Stimme ist fest. Vielleicht eine Spur zu trotzig. Aber fest.

Jetzt mischt sich der Sollermartin ein.

»Ach, geh, die Krater sind doch ein alter Hut. Da brauchts keinen Schneid ned.«

Der Quirin verzieht beleidigt das Gesicht.

»Zum zeigen, dass man wirklich einen Schneid hat, langts ned, in so ein Loch reinzukraxeln. Da muss scho eine gscheite Mutprobe her«, sagt der Sollermartin und hat jetzt die volle Aufmerksamkeit der Umstehenden.

»Und was soll des für eine Mutprobe sein?«, mault der Quirin, der seine Enttäuschung darüber nicht verbergen kann, dass sein Vorschlag nicht auf Zustimmung gestoßen ist.

»Der Handscheißer holt uns was ausm Haus von der Hex.« Auf dem Gesicht vom Martin steht ein breites Grinsen. Ganz offensichtlich ist er stolz auf seine Idee. Ein Raunen geht durch die Gruppe, dann plappern alle Jungen auf einmal los.

»Ausm Haus von der Hex?«

»Bei der Bichlerin?«

»Is des ned gfährlich?«

»So richtig was stehlen?«, fragt der Quirin ungläubig.

Der Sollermartin seufzt gereizt.

»Ja, freilich was stehlen. Er muss uns ja einen Beweis mitbringen, dass er drin gwesen is im Haus. Oder magst ihm dein Fotoapparat mitgeben?«

»Ich hab gar kein Fotoapparat«, entgegnet der Bub und kassiert dafür eine Watschen auf den Hinterkopf.

»Also, wie schauts aus, Marra? Hast einen Schneid oder ned?« Der Soller stemmt herausfordernd die Arme in die Seiten.

»Aber wenn ihn die Bichlerin verflucht?«

Die übrigen Jungen scheinen noch nicht überzeugt von der Idee.

»Und wenns ihn erwischt und in einen Topf steckt und einkocht?«

»Genau. Meine Mama sagt, die Bichlerin braut sich ein Zeug zusammen, das eine Zauberkraft hat.«

»Ja, aus Knochen und Katzen und den Zipfeln von kleinen Buben.«

»Ich hab ghört, die hat sogar mal ein Dirndl aus Stelzenreit aufgfressen. Die is aus Versehen beim Spielen zu nah an den Bichlerhof hin.«

»Meine Mutter sagt, dass die Bichlerin ein Luder is, ein verkommens. Die treibts mit einem jedem.«

»Und mein Vater sagt, er hat gsehn, wie die Bichlerin in der Nacht nackert in einem Hexenkreis auf ihrem Hof tanzt.«

»Echt? Ganz nackert?«

Der Martin steht mitten unter den plappernden Dorfjungen und schaut aus, als würde er vor Wut gleich platzen.

»Jetzt hörts mit dem Schmarrn auf!«, schreit er in den aufgebrachten Haufen hinein. »Was macht denn dein Vater bittschön in der Nacht aufm Hof von der Bichlerin?« Das Geplapper der Jungen verstummt. »Außerdem: Deswegen soll er ja reingehen und nachschauen, der Handscheißer. Ob die Bichlerin wirklich eine Hex is. Und wenns ihn erwischt und in eine Bisamratz verwandelt … mei, des wär ja direkt eine Verbesserung, oder, Marra?« Die anderen Jungen lachen. Der Sollermartin schaut jetzt wieder zufrieden aus.

Pauls Herz hämmert, als er, umringt von den Dorfjungen, die Steigung hinter der Martermühle hinaufmarschiert. Es hämmert so laut, dass er Angst hat, die anderen könnten es hören. Vor ihnen, auf einem dem Talhang vorgelagerten Hügel, zeichnet sich das große Bichleranwesen dunkel gegen den Frühlingshimmel ab. Er kennt die Geschichten über die Bichlerin. Dass sie eine Hexe ist. Dass sie den bösen Blick hat. Dass sie die Männer blöd und die Frauen unfruchtbar machen kann. Die Leut im Dorf meiden die Bichlerin. Es heißt, dass sie einmal verheiratet gewesen sei. Aber der Mann habe ihre Lust nicht stillen können, also habe sie ihn kurzerhand rausgeschmissen und sich von ihm scheiden lassen. Was eine Lust ist, das weiß Paul nicht so genau. Aber dass es unerhört ist, dass sich eine Frau von ihrem Mann scheiden lässt, und dass so etwas noch nie dagewesen ist im Dorf, das hat er verstanden. Jedenfalls wohnt die Bichlerin seitdem allein auf dem großen Hof. Wobei, ganz allein ist sie eigentlich nicht: Sie hat immer wieder mal einen Knecht, der ihr mit dem Hof hilft. Und es wohnen Flüchtlinge dort. Seltsame Leute heißt es, die aus den Ostgebieten kommen und womöglich gar keine echten Christenmenschen sind. Dabei hätte es nicht an Männern aus dem Dorf gefehlt, die den Bichlerhof samt Bäuerin gerne übernommen hätten. Aber die habe davon nichts wissen wollen und alle Anwärter zum Teufel gejagt. Das hat zumindest der dicke Wast erzählt und dabei erstaunt ausgesehen. Und als dann kurz darauf die Geschichten aufgekommen sind über die Bichlerin, da hat sie dann eh keiner mehr haben wollen und die Leut haben sich ferngehalten von dem einsamen Hof.

Paul hat die Bichlerin schon einmal gesehen. Da ist sie mit ihrem Knecht, einem riesigen, schwarzbärtigen Mannsbild, auf ihrem Einspänner durch das Dorf gefahren. Eine von den Frauen am Straßenrand hat ausgespuckt. Aber erst, als die Kutsche außer Sicht gewesen ist. Daran kann sich Paul noch genau erinnern. Auch daran, dass die Bichlerin ganz anders ausgesehen hat, als er sie sich vorgestellt hat. Gar nicht wie eine Hexe. Sie hat einen schönen Hut aufgehabt, ihre dunklen Haare waren im Nacken geflochten gewesen. Aber vielleicht macht das ja gerade eine Hexe aus, denkt Paul, dass sie eben nicht wie eine Hexe daherkommt. Wenn man schön ausschaut und elegant, dann ist es viel leichter, ein Kind anzulocken und aufzufressen, als wenn man hässlich ist und stinkt, oder? Paul schaut bang zum Bichlerhof, der drohend auf seinem Hügel hockt und schon viel zu nah ist.

Von dem großen Haselstrauch, unter dem die Jungen kauern, hat man einen guten Blick hinüber zum Hof. Paul schätzt die Entfernung zum Stadel, der ein wenig abseits von den übrigen Gebäuden steht, auf gut hundert Meter. Er reibt sich das Kinn. Hundert Meter ohne Deckung. Nur die Wiese. Er kann die Kühe im Stall hören. Ihre langgezogenen Rufe, die erst fordernd anschwellen, um dann abrupt abzubrechen. Sogar ihr Schnauben. Oder bildet er sich das nur ein?

»Was is jetzt, Handscheißer?« Der Sollermartin hockt neben ihm und ist sichtlich ungeduldig. »Auf was wartest denn?«

Die Blicke der anderen Jungen sind auf Paul gerichtet. Der späht noch einmal angestrengt hinüber zu den abweisenden Gebäuden. Wie trübe Augen stieren die dunklen Fenster zu ihm herüber. War da eine Bewegung? Hinter dem Fenster im ersten Stock, da oben links?

»Jetzt mach!«, zischt der Martin und schiebt Paul aus dem schützenden Gehölz.

So schnell er kann, rast Paul über die freie Fläche zwischen dem sicheren Versteck und dem Hof. Die hundert Meter kommen ihm endlos vor, erbarmungslos brennt die Sonne auf ihn nieder wie ein greller Scheinwerfer, doch dann erreicht er endlich den Schatten der großen Scheune, drückt sich atemlos an das raue Holz und blickt zurück zum Haselstrauch. Nur mit Mühe kann er zwischen den Blättern die Jungen erkennen, die der Vorstellung gespannt folgen. Langsam tastet sich Paul an der Wand entlang, dann wirft er einen vorsichtigen Blick um die Ecke. Vor ihm liegt das Wohnhaus, das zusammen mit dem Stall ein großes »L« bildet. Von der Hexe ist nichts zu sehen. Auch nicht von ihrem riesigen Knecht. Und auch die Nichtchristenmenschen aus dem Osten kann Paul nirgends ausmachen. Ihm gegenüber entdeckt Paul die dunkle Holztür, die ins Wohnhaus führt. Sie liegt tief in der dicken Wand, schattig und schwer. Was, wenn sie verschlossen ist? Zwischen ihm und der Tür ist der leere Hof, auf den viel zu viele Fenster starren. Paul entscheidet sich für einen anderen Weg und umrundet die Scheune in die entgegengesetzte Richtung. Vom hinteren Eck des Stadels sind es nur wenige Meter bis zur Stalltür, deren obere Hälfte offensteht und den Blick auf eine schmutzig-graue Decke freigibt. Er hastet durch das Licht, poltert ungeschickt gegen die untere Hälfte der Tür, reißt sie auf und schiebt sich hinein.

Pauls Augen brauchen ein paar Sekunden, um sich an das Zwielicht im Stall zu gewöhnen. Die Fenster sind klein und dreckig und lassen nur wenig Licht herein. Paul bemerkt den vertrauten Geruch: leicht säuerlich, leicht süßlich, das vergorene Gras, der Dampf schwerer Körper, ihr

Urin und Kot. Direkt neben ihm schnauft eine gefleckte Kuh ihren warmen Atem in Pauls Gesicht. Er zuckt zusammen, fasst sich aber gleich wieder. Außer den Kühen und ihm selbst scheint niemand im Stall zu sein. Das Tier neben ihm mustert Paul aus großen Augen, streckt einen fleischigen Lappen aus dem Maul und versucht, sich die Zungenspitze in ein Nasenloch zu schieben. Vorsichtig bewegt sich Paul durch den Mittelgang zwischen den angebundenen Kühen, die ihm mit Köpfen und Augen folgen. Nur keine rasche Bewegung. Sachtes Schnauben, Stampfen, Muhen. Paul hört das leise Klirren, mit denen die Ketten an die Gatter schlagen, das feuchte Platschen der Kuhfladen auf dem Stallboden. Er weiß, wie er sich in einem Stall zu bewegen hat, ohne die Tiere zu erschrecken. Beinahe kommen ihm die Kühe wie ein Publikum vor, das sein abenteuerliches Unterfangen mit wohlwollendem Schmatzen begleitet. Die Aufregung, die ihn vor ein paar Sekunden noch schier wahnsinnig gemacht hat, lässt langsam nach. Wenn ich das hier schaffe, dann … Ja, was dann? Paul ist sich nicht sicher. Gehört er dann dazu? Ist der Sollermartin dann sein Freund? Nehmen die anderen Jungen ihn dann mit, wenn sie in die Bombenkrater klettern? Und was wird der dicke Wast sagen, wenn er wieder in die Schule kommt und sieht, dass er, Paul, ein Held ist? Ein Held, der sich ins Haus der Hexe getraut hat. Und dann auch noch lebend wieder herausgekommen ist.

Paul ist mittlerweile am anderen Ende des Stalls angekommen und schaut sich um. Wie er vermutet hat, geht zu seiner rechten Hand eine Tür ab. Von hier muss es hinüber ins Wohnhaus gehen. Paul drückt sein Ohr an das Holz und lauscht. Aber er kann nichts hören. Nur die gemächliche Geräuschkulisse der wiederkauenden Tiere hinter ihm. Vorsichtig drückt Paul die Tür auf und schlüpft hindurch. Auf der anderen Seite findet er sich nicht wie erhofft im Hausgang wieder, sondern in einem zweiten Stall. Nur ist dieser Stall kühler und dunkler. Die Fenster liegen tief in den Wänden und sind winzig und voller Spinnweben, in denen der Staub von Jahrzehnten hängt. Es riecht muffig. Über ihm laufen die Gewölbe in dunklen Säulen zusammen, die viel zu dünn erscheinen, um die schwere Decke stützen zu können. Das muss der alte Stall sein.

Es ist still hier. Paul fröstelt. Jetzt bemerkt er auch den Grund für die Kälte: Hier gibt es keine Tiere, die mit ihren Körpern, ihrem Atem, ihrem Leben den Raum wärmen.

Aber der Stall ist nicht leer, im Gegenteil: Der düstere Raum ist voll mit Dingen, auf die sich Paul keinen Reim machen kann. Mit Dingen, die selbst das wenige Licht zu schlucken scheinen, das durch die halbblinden Fenster von draußen hereindringt und hier und dort helle Tupfer zaubert auf … Ja, auf was? Mit scheuen Fingern fährt Paul durch weichen Pelz, über einen matten Brustharnisch und bestickte Stoffe. Wie ein Traumwandler dreht sich Paul mit weit aufgerissenen Augen durch das Halblicht. Den Sollermartin und die anderen Jungen hat er vergessen. Die Hexe auch. Er bleibt vor einem dunklen Spiegel stehen, der von einem reich verzierten, goldenen Rahmen eingefasst ist. Plötzlich stechen Sonnenstrahlen durch die kleinen Stallfenster in die Schummrigkeit. Paul sieht den Staub um ihn herum träge durch die Lichtstrahlen tanzen und gleich darauf wieder im Schatten verschwinden. An einem schweren, hölzernen Garderobenständer hängen Gewänder in den wunderlichsten Farben, die Paul je gesehen hat. Dahinter türmen sich gerollte Leinwände bis fast unter die Decke und bilden einen finsteren Hohlweg, der noch tiefer in den alten Stall hineinführt. Vorsichtig tastet sich Paul vorwärts, seine Hände gleiten an dem rauen Material entlang. Die Stoffschlucht führt Paul direkt in eine schroffe Landschaft aus aufeinander getürmten Holzkisten, manche gut verschlossen und mit schwerem Eisen beschlagen, andere hastig zusammengezimmert, schlicht und mit großen Ritzen zwischen den Brettern. Paul drückt sein Gesicht gegen einen Spalt im Holz der Kiste neben ihm. Aber aus ihrem Inneren starrt nur Finsternis zurück.

Plötzlich nimmt Paul ein Geräusch wahr. Es klingt wie ein Wummern, einerseits weit entfernt, andererseits so nah, dass es die Wände um ihn herum in Schwingung zu versetzen scheint. Paul ist sich nicht sicher, woher das Geräusch kommt. Von draußen? Aus dem Stall, durch den er gekommen ist? Oder ist es hier im Raum? Angestrengt horcht er in die Düsternis. Er hört das Blut in seinen Ohren rauschen, das sein Herz jetzt in wilden Schlägen durch den Körper treibt. Plötzlich erinnert sich Paul wieder daran, warum er hier ist, hier auf dem Hexenhof. Hastig blickt er sich um und zieht am Deckel der nächstbesten Kiste. Sie ist nicht verschlossen. Darin liegen kupferne Ketten und Kelche, goldene und silberne Teller und ein prunkvoller Dolch mit gebogener Klinge. Paul legt vorsichtig seine Finger auf das Metall, das sich seltsam leicht anfühlt und weniger kalt ist als erwartet. Der ist genau richtig, da wird der Sollermartin Augen machen. Vielleicht ist das sogar die Klinge, von der die Dorfjungen geredet haben? Mit der die Hexe den Buben die Zipfel abschneidet. Paul läuft ein Schaudern über den Rücken.

Von draußen dringen Stimmen an Pauls Ohr. Erschrocken fährt er zusammen. Die Hexe! Er dreht sich um und rennt los. Dabei stolpert er über das Bein eines Garderobenständers, er poltert über Kisten und durch Stoffe, fällt auf die Knie, seine Hand krallt sich in dicke, schwarze Haare, Paul starrt in eine dämonische Fratze, ein verzerrtes, rotes Maul mit spitzen Zähnen, darüber böse, gelbe Augen, er stößt einen Schrei aus, kommt auf die Beine, hastet durch ein verwirrendes Durcheinander aus Licht und Schatten, das Entsetzten lenkt seine Flucht, er kann die Kreatur hinter sich spüren, das Wummern wird lauter, es ist um ihn herum, es ist überall, es gibt kein Entkommen.

Paul reißt die Tür zum Stall auf und jagt an den Futtertischen entlang, vorbei an den Kühen, die erschrocken die Köpfe nach oben reißen und brüllen. Er stürzt hinaus ins Licht und zum Stadel, aber als er um die Ecke schießt, sieht er etwas, das er nicht versteht: In wildem Durcheinander stürmen die Dorfjungen den Hügel hinab. Da zerreißt ein ohrenbetäubendes Krachen die Luft über Paul. Ein Schatten gleitet über ihn hinweg, über die Scheune, den Stall, das Haus. Paul legt den Kopf in den Nacken und kann den weißen Stern auf dem Rumpf des monströsen Flugzeugs erkennen, das über ihm durch den Himmel pflügt und Kurs auf das Dorf nimmt. Jetzt erst bohrt sich das anschwellende Jaulen der Sirene in den Himmel. Einen Herzschlag lang steht Paul wie erstarrt. Dann lässt er den Dolch ins Gras fallen und rennt los.

✧

»Muss ja ein feiner Kerl sein, dein Paul«, sagt Johann, während er den Maschendraht am Holzrahmen befestigt. Er muss an den Hitlerzug denken und lächelt still in sich hinein. Sein Enkel sieht es nicht, er sitzt an der Werkbank und versucht, die Teerpappe auf dem Dach des Hühnerstalls zu befestigen. Sein geschientes Bein hat er auf einem kleinen, hölzernen Schemel abgelegt.

»Mmhm«, macht der Wast. »Ift er.«

Zwischen seinen Zähnen stecken ein paar kurze Nägel mit großem, flachem Kopf. An den Falten auf seiner hohen Stirn kann Johann erkennen, wie sehr sich der Bub auf seine Arbeit konzentriert.

»Lädst ihn halt mal zu uns ein«, schlägt Johann vor und stellt sich den Moment vor, wenn Paul zur Tür hereinkommt und ihn erkennt, den Bahnhofsvorsteher, der ihm fast das Ohr abgerissen hat. Na, ich kann schweigen, denkt Johann und muss wieder lächeln. Er ist froh, dass sein Enkel endlich einen Freund gefunden hat. Gut, der Sohn vom Viechdoktor ist auch ein Außenseiter. Aber was solls? Solche Kinder ziehen sich offenbar gegenseitig an. Und Schneid hat er, der Paul, das muss Johann zugeben. Nur der Vater, der alte Marra, der ist ihm irgendwie unheimlich. Der hat etwas, ja, beinahe Bedrohliches, der wilde Blick, der stets angespannte Körper. Wie ein zum Sprung bereites Raubtier. Johann schüttelt den Gedanken ab.

»Mmhm«, sagt der Wast wieder, dann hat er den letzten Nagel aus seinem Mund genommen und in das Holz geschlagen. »Dann zeig ich ihm gleich unsern Hühnerstall.«

»Des machst«, sagt Johann und rollt ein weiteres Stück Draht ab. »Und wenn ich dann in Pension bin, dann holen mir uns noch eine Geiß und Enten und vielleicht sogar ein paar Schaf, was meinst?«

»Wie auf einem Bauernhof«, sagt der Wast und seine Augen leuchten.

Johann weiß, wie sehr der Wast Tiere mag. Aber für mehr als die drei Katzen, die der Bub Fritz, Fratz und Mops getauft hat, ist bislang einfach keine Zeit gewesen. Die Vorstellung, sich mit seinem Enkel um eine kleine Schar Tiere zu kümmern, gefällt Johann.

»Vielleicht kann der Paule uns dann ja helfen, die Ställe zum bauen, oder?« Der Bub hat sich jetzt umgedreht und schaut seinen Opa erwartungsvoll an.

»Freilich«, nickt Johann und spürt, wie sich ein vages Unbehagen in ihm breit macht. »Wenn er einen Hammer und eine Säg halten kann.« Sein Blick fällt auf das Regal vor ihm, in dem die Schachteln mit den Nägeln und Schrauben leise klimpern.

»Ich glaub …«, setzt der Wast an, als eine alte Blechdose mit Schraubenmuttern über den Rand eines Regalbretts kippt und scheppernd zu Boden kracht. Die Luft im Schuppen scheint zu vibrieren. Schon ist Johann bei seinem Enkel, reißt den verdutzten Bub in die Höhe und rennt, ihn wie einen riesigen Säugling auf den Armen tragend, ins Freie.

Die Ursch war schon auf dem Weg zum Schuppen gewesen. Sie waren einander in dem Augenblick in die Arme gelaufen, als das Heulen der Luftschutzsirene eingesetzt hatte. Jetzt bahnt seine Frau einen Weg durch das dichte Gestrüpp am Rand des Hochreiter Holzes, Johann und der Wast, den er immer noch vor sich trägt, folgen dichtauf. Hinter ihnen hallt der Donner der Explosionen, gefolgt vom Prasseln der herabstürzenden Trümmer. Es geht steil bergauf, der Bub ist schwer, die Muskeln in Johanns Oberarmen brennen. Der dicke Wast, muss Johann denken, und treibt sich noch mehr zur Eile an. Ein dünner Ast peitscht ihm ins Gesicht, er vergisst es gleich wieder. Der Bub presst sich die Hände auf die Ohren und wimmert. Nicht das Haus, geht es Johann durch den Kopf. Bitte nicht. Das Haus des Bahnhofsvorstehers ist eines der wenigen Gebäude am Bahnberg. Natürlich war er sich der Gefahr immer bewusst gewesen, aber irgendwie hatte Johann trotzdem gehofft, dass dieser Tag nie kommen würde, dass der Bahnhof, dass Aßling verschont bliebe. Wie dumm er gewesen war.

Mittlerweile sind die Detonationen verklungen, nur das Jammern der Sirene wabert noch über dem Tal. Da hört Johann jemanden um Hilfe rufen. Ja, er kann es deutlich hören, auch die Stimme kommt ihm bekannt vor. Aber seine Frau ist schneller. Sie hat bereits kehrtgemacht und stolpert den Hang wieder hinab.

»Der Girgl«, ruft sie und schaut hoch zu ihrem Mann.

Er sieht das Entsetzen in ihrem rundlichen Gesicht. Johann schüttelt den Kopf. »Komm, mir müssen weiter. Vielleicht kommens noch mal, dann müssen mir tiefer im Wald sein.«

Aber die Ursch rührt sich nicht. »Ich kann ihn sehen. Drüben an der Viehrampe. Er is verletzt.« Sie macht zwei Schritte den Hang hinauf, dann bleibt sie wieder stehen, schüttelt ebenfalls den Kopf. »Mir müssen ihm helfen.«

»Ursch, sei ned dumm«, beschwört Johann seine Frau. »Mir müssen weg.«

»Mir können den Girgl doch ned da liegen lassen.« Energisch bahnt sie sich einen Weg nach unten, gleich hat sie den Waldrand erreicht.

»Ursch, um Himmels willen«, fleht Johann und sieht, wie sie aus dem Schutz der Bäume hinaus auf den Bahndamm tritt. Hektisch blickt er sich um, dann lässt er seinen Enkel sanft auf den Waldboden gleiten.

»Ich bin gleich wieder da«, sagt er und wagt es nicht, in das tränennasse Gesicht des Buben zu blicken. Als er den Hang hinunterrennt, bohren sich die verzweifelten Rufe des Kindes wie Pfeile in seinen Rücken. Am Waldrand angekommen, sieht er seine Frau gerade über die Gleise vor dem Bahnhofsgebäude laufen. Die Gleisanlagen sehen aus wie umgepflügt, einige Masten sind geknickt wie Getreidehalme, Kabel hängen herab, die Ursch muss Kratern ausweichen und über Trümmer steigen. Da hinten an der Güterhalle liegt etwas am Boden, das muss der Girgl sein. Jetzt erst streift Johanns Blick das Bahnhofsgebäude. Es scheint seltsamerweise noch intakt zu sein. Aber der hölzerne Anbau, in dem das Stellwerk untergebracht ist, gleicht einem Scheiterhaufen. Auch die Kronen der beiden großen Bäume auf der Südseite des Bahnhofs sind vollständig zerfetzt. Splitterbomben.

»Ursch«, schreit er, so laut er kann. Unschlüssig, ob er bei seinem Enkel im Wald bleiben oder seiner Frau hinterher soll, beißt sich Johann

vor Verzweiflung in die Knöchel seiner Faust. Ein zorniges Grollen entringt sich seiner Kehle. In dem Moment taucht ein einzelnes Flugzeug über den Bäumen auf. Es ist klein. Kein Bomber, Gott sei Dank! Es muss ein Begleitjäger sein, ein Nachzügler. Gemessen am Dröhnen der großen Bomber und dem Krachen der Explosionen klingt das helle Summen seiner Motoren beinahe lächerlich. Wie eine Wespe im Anflug auf ein Butterbrot, geht es Johann durch den Kopf. Gemächlich kippt der Jäger zur Seite und beschreibt einen Bogen über dem Wald. Dann, als er direkt über den Gleisen ist, lässt er sich langsam sinken. Es ist, als würden sich die Bilder vor Johanns Augen in Zeit und Raum dehnen und strecken, sie passen nicht zu den Geräuschen um ihn herum, er sieht das grelle Mündungsfeuer, hört aber kein Rattern, oder doch, Gesteinssplitter schießen aus dem Gleisbett in die Luft, im Schotter bricht eine lange Reihe kleiner Löcher auf, als würde man einen flachen Stein über das Wasser hüpfen lassen, nein, das Geräusch ist schärfer, als würde jemand beim Watten die Karten auf den Tisch knallen, viele Karten, im schnellen Stakkato eine nach der anderen, die Ursch dreht sich einmal um sich selbst, ihr weicher Körper zuckt wie in einem frivolen Tanz, dann kippt das Flugzeug zur anderen Seite, zeigt seine abweisende Unterseite, zieht einen Halbkreis über dem Tal und verschwindet in Richtung Süden über dem Hügelkamm. Es ist ruhig jetzt. Auf dem mittleren Gleis direkt vor dem zerstörten Stellwerk liegt ein Körper, Johann kann den Blick nicht abwenden. Das Blut rinnt zwischen seinen Zähnen die Knöchel hinab und in dünnen Rinnsalen über seine verkrampfte Faust. Johann merkt es nicht.

✧

Fritz hält den ledernen Beutel unter seine Nase und saugt den Tabakduft ein. Das hat er jetzt sicher ein dutzend Mal gemacht, während er mit großen, federnden Schritten den Hügel von Wollwies hinab nach Aßling geht. Es ist ein klarer Tag, die Frühlingssonne steht hoch am Himmel. Unten im Tal glitzert die Attel, die nach einer scharfen Biegung beim

Sägewerk in Richtung Berge fließt. Im Süden kann Fritz den markanten Buckel des Wendelsteins sehen, den der Föhnwind so nahe an das Dorf herangerückt hat, dass Fritz glaubt, ihn mit Händen greifen zu können. Im Norden thront auf dem Büchsenberg das große hölzerne Kreuz wie ein Schutzengel mit ausgebreiteten Armen über dem Dorf. Darunter der spitze Kirchturm, der wie eine dunkle Nadel in den Frühlingshimmel sticht. Möge nie der Tag erscheinen, wo des rauen Krieges Horden dieses stille Tal durchtoben. Wer war das noch mal? Schiller? Lessing? Egal.

Fritz pfeift vor sich hin. Es ist ein guter Tag. Und das in dem Beutel, das ist guter Tabak. Kriegt man nicht oft heutzutage. Aber der alte Kerschgruber hat gestern angespannt und ist mit dem Fuhrwerk nach Steinhöring. Zum Heim Hochland. Dort hat er aufgeladen, was er tragen konnte. Wäsche, Schuhe, Obstbrand und eben Tabak. Und karierte Tischdecken. Viele karierte Tischdecken. Weiß der Teufel, was der Kerschgruber mit so vielen karierten Tischdecken will. Den Bauern war das Lebensborn-Heim der SS immer ein Stachel im Fleisch gewesen. Oft hat Fritz gehört, wie sie beim Wirt über den »Edel-Puff« und die »SS-Nutten« geschimpft haben. Während die Bauern auf den Feldern bis zu den Knöcheln im Dreck gestanden, ihre Buckel immer krummer und die Speisekammern immer leerer geworden sind, hat man im Heim Hochland gut gelebt: schöne Mädchen, genug zu essen und feiner Tabak. Fritz atmet noch einmal den würzigen Duft aus dem Beutel ein. Ja, den hiesigen Dörflern muss das Lebensborn-Heim wie das Paradies vorgekommen sein. Direkt vor ihrer Nase. Aber hinter verschlossenen Türen. Und jetzt, wo alles auseinanderfällt, wo der Feind im Vorgarten steht, da wollen sie noch schnell ein Stück abhaben vom Paradies. Na, solang was für den Viechdoktor übrigbleibt, denkt Fritz und lächelt.

Als er am nächsten Hof vorbeikommt, sieht Fritz den alten Halpersinger mit Spaten und Schubkarren an der großen Eiche hantieren.

»Glaubst wohl nicht mehr an den Endsieg, Halpersinger?«, ruft Fritz ihm zu.

Der schaut auf und wirft ihm einen bösen Blick zu. Lachend geht Fritz weiter. Das ist das Gute am Tabak, denkt er. Der ist weg, bis der Feind da ist. Hat sich dann quasi in Rauch aufgelöst. Schmuck, Porzellan, Uhren – das alles wird unter der Erde auch nicht besser. Wenn er also nicht will, dass hier bald Amis und Russen auf Schatzsuche gehen und die Gärten umgraben, dann muss er sich beeilen mit seinen Wunderwaffen, der Führer. Fritz hält sich den Beutel noch einmal unter die Nase. Heute ist ein guter Tag.

Er sieht den ersten Bomber, noch bevor er das dumpfe Dröhnen der Motoren hört. Von Süden kommend taucht er über den Baumwipfeln auf. Hinter ihm folgen weitere. Fritz bleibt wie angewurzelt stehen. Erst jetzt schneidet ein langgezogenes Heulen durch die Luft. Das Echo der Sirene hallt vom bewaldeten Hang auf der anderen Seite des Tals wider. Fritz sieht die erste Explosion aufblitzen. Nahe am Bahnhof, der auf dem gegenüberliegenden Talhang liegt, steigt eine Fontäne aus Dreck in die Höhe. Das Krachen rollt hinunter ins Dorf, durchs Tal und zu Fritz hinauf. Es trifft ihn wie ein Schlag in die Magengrube. Der Bub! Fritz rennt los. Dass er den Tabakbeutel ins nasse Gras fallen lässt, bemerkt er nicht.

Mittlerweile zittert die Luft vom Krachen der Explosionen und Heulen der Sirene. Fritz spürt das Beben der geschundenen Erde unter seinen Füßen, die einen guten Kilometer entfernt gewaltsam aufgerissen wird. Er muss den Bub finden. Fritz jagt den Hang hinab in das ganz und gar nicht mehr stille Tal. Im Dorf herrscht Panik. Menschen kommen Fritz entgegen. Frauen mit weinenden Kindern, alte Männer, einer zieht einen wiehernden Gaul hinter sich her, ein anderer eine schwere Holztruhe. Alle wollen den schützenden Wald erreichen. Die habens nur auf den Bahnhof abgesehen, will Fritz ihnen zuschreien. Aber er hat keine Zeit. Und es ist ihm auch egal. Sie sind ihm egal. Er muss den Bub finden. Vielleicht ist er zuhause? Ja, er muss die Bomber gehört und Angst bekommen haben. Wahrscheinlich versteckt er sich im Gartenhaus. Fritz hetzt über die Attelbrücke, er hört das Vieh in den Ställen vor Furcht brüllen. Über dem Bahnhof steht eine dichte, schwarze Rauchwolke, hinter der Fritz eine zweite Welle Flugzeuge ausmachen kann. Dieses Mal sind auch Jäger dabei. Zwischen den Detonationen hört er das Rattern ihrer Bord-

kanonen. Am Kirchplatz biegt er ab und wäre fast mit einer Gestalt zusammengestoßen, die gerade zwischen dem Hartlhaus und dem Alten Wirt hervorschießt. Paul!

Fritz packt Paul an beiden Armen. »Wo bist du gewesen?« Er sagt es lauter als beabsichtigt. Schreit es seinem Sohn ins Gesicht. Der ist noch ganz außer Atem, seine Wangen glühen rot.

»Die Bomber, Tatta! Hast du die Bomber gesehen?« Die Begeisterung leuchtet in seinen Augen.

»Wo hast du dich rumgetrieben? Warum bist du nicht in den Wald gelaufen?« Fritz' Angst verwandelt sich in Zorn.

Doch Paul hört ihn nicht. »Ich hab sie gesehen. Fast als Allererster. Ich war so nah, ich hab sogar den weißen Stern erkannt!«

Fritz weiß noch im selben Moment, als seine Hand Pauls Gesicht trifft, dass er zu fest zugeschlagen hat. Der Bub taumelt zwei Schritte zurück, hält sich aber auf den Beinen. Unter seinem linken Nasenloch glänzt es rot, in seinen Augen zeigt sich erst Überraschung, dann Wut. Er wirft Fritz einen hasserfüllten Blick zu, dann dreht er sich um und verschwindet hinter dem Millihaus.

Wie versteinert steht Fritz auf dem Kirchplatz. Das klagende Geheul der Sirene ist mittlerweile verstummt. Als ob sie das akustische Schlachtfeld dem dumpfen Dröhnen der Bomber und dem tiefen Grollen des aufgewühlten Erdreichs überlassen hätte. Auch der Krieg kann seine Tonlage ändern, geht es Fritz durch den Kopf. Wie in Trance setzt er sich in Bewegung. Warum hat er den Bub geschlagen? War er nicht erleichtert gewesen, ihn zu sehen?

Ohne zu wissen, wie er dorthin gekommen ist, steht Fritz am Pumpbrunnen vor dem Gartenhaus. Ein ohrenbetäubendes Krachen hallt vom Bahnberg hinunter ins Dorf. Splitterndes Holz, schießt es Fritz durch den Kopf und plötzlich ist er hellwach: Die Tür der Hütte steht offen. Fritz bemerkt, wie sich seine Muskeln anspannen und seine Hände sich zu Fäusten ballen. Er schließt die Tür stets ab, wenn er aus dem Haus geht. Ebenso der Bub. Vorsichtig nähert er sich der Tür und späht hinein. Ein

Mann kniet auf dem Boden und wühlt in der Kiste, in der der Bub seine Sachen aufbewahrt.

Die Wut legt sich wie eine brennende Haut um Fritz. Mit einem Satz ist er im Raum. Sein Tritt trifft den Mann völlig unvorbereitet in den Rücken und wirft ihn zu Boden. Der will sich umdrehen, doch schon sitzt Fritz auf seinem Rücken und hämmert sein Gesicht auf den Holzboden. Wieder und wieder.

»Hör auf, Marra!«

Fritz lässt den Kopf des Mannes los. Aus dessen Nase und Mund ziehen sich Fäden aus Speichel und Blut. Jetzt erkennt Fritz das Gesicht.

»Bremmer?« Fritz steht auf und blickt auf den Bremmerbartl hinab, der eine rötliche Masse auf den Boden spuckt. »Hast gedacht, dass alle im Wald sind?« Ohne den Mann aus den Augen zu lassen geht Fritz rückwärts zum Ofen. »Dass du ungestört organisieren kannst, ha?« Fritz streckt seinen Arm aus. »Mal nachschauen, was der Optant für Schätze aus dem Süden mitgebracht hat, was?« Seine Finger schließen sich um den gusseisernen Schürhaken.

Die Augen des am Boden Liegenden folgen der Hand von Fritz. Mit einem kraftvollen Satz, der Fritz überrascht, ist der Bremmerbartl auf den Beinen und zur Tür hinaus. Zurück bleiben drei Zähne auf den Holzdielen.

✧

Marianne mag das Kriegerdenkmal am Kirchplatz nicht. Es zeigt einen Soldaten in Angriffsstellung, die rechte Hand am Kammerstängel seines Gewehrs, die Linke vorne am Lauf, den Blick nach Westen gerichtet, hinter ihm schutzsuchend eine Mutter mit ihrem Kind. Gebts uns auch ein Gwehr, dann täten mir uns scho zu helfen wissen, ärgert sich Marianne, während sie den steinernen Soldaten zwischen den Köpfen der Trauernden hindurch betrachtet. Es sind viele Leute auf dem Friedhof. Jeder hat die alte Pongratz gemocht. Auch Marianne. Rund um das Denkmal sind vor zwei Jahren Holzkreuze für die Gefallenen aus dem Dorf aufgestellt worden. Achtzehn Stück. Mittlerweile hat man es aufgegeben, für jeden Toten ein eigenes Kreuz zu errichten. Auf jedem Ehrenmal sind jetzt mehrere Namen vermerkt. Letztes Jahr hatten sich viele Aßlinger Mädchen bereit erklärt, je ein Kreuz im Frühling, Sommer und Herbst mit Blumen und im Winter mit Tannengrün zu schmücken. Eine Aufgabe, deren gewissenhafte Ausführung jeden Sonntag vom halben Dorf beäugt wird, wenn die örtliche Parteiführung ihre Heldengedenkfeiern abhält. Wär doch bloß eine von den Bomben auf des depperte Denkmal gfallen, denkt Marianne. Vielleicht bräuchten mir dann nicht mehr auf die Gedenkfeiern gehen. Aber der heldenhafte Soldat steht auf dem Kirchplatz und schaut nach Westen, ohne einen einzigen Kratzer.

Gleich am Abend nach dem Bombenangriff war Marianne oben am Bahnberg gewesen. Der Bahnhof und die Gleise hatten schlimm ausgesehen. Überall waren Trümmer herumgelegen, gesplittertes Holz, Metall, Steine. Sogar die beiden uralten Bäume gegenüber vom Stellwerk waren zerfetzt. Vor der Beerdigung hat Marianne den Hainzinger belauscht. Der Dorfgendarm hat am Friedhofstor einer Gruppe Männer erzählt, dass man immer noch zehn Meter lange Schienenstücke finde, die von der Wucht der Explosionen hundert Meter weit in die Wiesen um den Bahndamm geschleudert wurden. Hätte sie die Zerstörung nicht mit eigenen Augen gesehen, Marianne hätte nicht geglaubt, dass es so eine gewaltige Kraft gibt. Sie muss an die Häuser am Bahnberg denken. Die breiten Risse in den Mauern, die jetzt von Eisenstangen notdürftig zusammengehalten werden. Die zersprungenen Scheiben. Ihr Vater hatte zusammen mit anderen Männern aus dem Dorf geholfen, die Fenster notdürftig mit Brettern abzudichten. Und Marianne hatte ihrem Vater geholfen, ihm Bretter und Nägel gereicht und dem Sollerbub in den Hintern getreten, als der sich einen Spaß daraus gemacht hatte, in den brüchigen Häusern herumzuklettern.

Ihr Vater. Er rückt vor Marianne in der Reihe der Wartenden immer weiter zum Pongratz auf, der, obwohl von vielen Menschen umgeben, verloren neben dem Grab steht und geistesabwesend Hände schüttelt. Neben ihm und fast verschmolzen mit dem Schatten seines Opas, steht der dicke

Wast. Seine Augen sind fest auf die frisch aufgeschüttete Erde gerichtet. Als Mariannes Vater an der Reihe ist, passiert etwas Merkwürdiges. Der alte Bauer reicht dem Eisenbahner die Hand und murmelt etwas Unverständliches, ohne seinem Gegenüber dabei ins Gesicht zu schauen. Marianne steht nicht weit hinter ihrem Vater in der Reihe und kann es genau sehen: Wie er matt die tellergroße Hand hebt und dabei über die Schulter vom alten Pongratz blickt. Ihr Vater, der Schwarzwieser. Großbauer und Sägewerksbesitzer, respektiert und gefürchtet im ganzen Dorf. Ob das etwas mit den Geschichten zu tun hat, überlegt Marianne. Mit dem Auto, das ganz hinten in der Remise verstaubt? Mit dem Sohn vom Pongratz?

Auch den Pongratz kann Marianne von ihrer Position genau beobachten: Blass schaut er aus, wie er da zwischen all den schwarz gekleideten Leuten steht. Seine Wangen sind eingefallen und Marianne fragt sich, ob seine Haare weißer geworden sind. Aber da könnte sie sich auch täuschen. Jedenfalls schaut er dünn aus, der alte Pongratz. Als wäre er nur noch halb da. Als wäre er am Verschwinden. Als würde er sich gleich auflösen, hier und jetzt vor den Augen des ganzen Dorfs. So sieht also ein gebrochener Mann aus, denkt Marianne.

Auf dem Heimweg sagt keiner ein Wort. Das Schweigen lastet auf Marianne, es drückt und dreht in ihrer Brust. Gerade will sie ihren Vater fragen, ob er auch findet, dass der Pongratz wie ein gebrochener Mann ausschaut, da überqueren vor ihnen vier ältere Buben die staubige Straße. Auf ihren Schultern tragen sie einen dünnen Baumstamm.

»Was soll des werden?«, fragt der Schwarzwieser die Dorfjungen.

Marianne kennt die Buben, sieht sie jeden Sonntag in der ersten Reihe der Hitlerjungen, die um das Kriegerdenkmal stehen. Meistens taumelt eine Fahne vor den glatten Gesichtern, fest umklammert von weichen Fingern.

»Panzersperre«, antwortet einer der Jungen über die Schulter.

Marianne und ihr Vater schauen sich an.

»Was für eine Panzersperre?«, fragt ihr Vater und zieht die Augenbrauen zusammen.

»Vorn an der Brückn«, ruft der Junge, der samt Baumstamm schon ein paar Meter weiter ist. »Befehl vom Plöchinger.«

»Ja, leck mich doch am Arsch. Seit wann gibt jetzt der Plöchinger Befehle?«

Marianne kann sehen, wie das Gesicht ihres Vaters die Farbe wechselt. Das helle Rot, in dem sein fleischiger Kopf normalerweise glüht, verwandelt sich in ein dunkles Purpur. Sie muss sich beeilen, um mit ihrem Vater Schritt zu halten, der noch vor den Jungen und ihrem Baum an der Attelbrücke ist. Dort liegen schon weitere Stämme zu einer Barrikade aufgetürmt, an der ein paar andere Hitlerbuben werken. Marianne muss an die Häuser am Bahnhof denken und an das gesplitterte Holz und das verbogene Eisen und beinahe hätte sie laut losgelacht. Ihrem Vater dagegen ist nicht nach Lachen zumute.

»Plöchinger«, brüllt der Schwarzwieser.

Der kleine Kopf des Dorfschullehrers taucht hinter dem hölzernen Wall auf. Marianne kann den Mann nicht leiden. Ihr Vater hat einmal beim Abendessen erzählt, dass der Plöchinger dabei gewesen sei, als 1919 ein Freikorps vom Aßlinger Bahnhof nach Kolbermoor aufgebrochen war, um den Ort von den Roten Garden zu befreien. Später hatte man erfahren, dass der Kolbermoorer Bürgermeister und sein Gemeindeschreiber von den Weißgardisten mitten auf der Straße erschossen worden waren, während die Leute um das Leben ihrer beiden Mitbürger gebettelt und »Nicht erschießen!« aus den Fenstern gerufen hatten.

»Kannst mir sagen, was des da werden soll?« Mariannes Vater hat sich mitten auf der Brücke aufgebaut. Einen Arm hat er in die Seite gestemmt, mit dem anderen zeigt er auf den Holzverschlag, hinter dem der Lehrer hervorlugt. Mittlerweile sind die vier Buben mit ihrem Baumstamm herangekommen und stehengeblieben. Auch die anderen Hitlerjungen haben aufgehört, an der Barrikade zu arbeiten. Alle Blicke sind jetzt auf die beiden Männer gerichtet.

»Das siehst doch, Schwarzwieser«, sagt der Plöchinger betont ruhig. »Das ist eine Panzersperre.«

»Ja, des seh ich.« Die Stimme des alten Bauern zittert vor Wut.

»Irgendwer muss schließlich das Heft in die Hand nehmen und den Widerstand besorgen, oder?«

Der Dorfschullehrer schaut aus wie ein selbsternannter Burgherr, findet Marianne, wie er da hinter seinem Holzwall steht und das spitze Kinn trotzig nach vorne schiebt.

»Widerstand?« Mariannes Vater klingt fassungslos.

»Gegen den anrückenden Feind.«

Der Plöchinger drückt seinen Rücken durch und lässt seinen Blick großtuerisch über das Dorf und die Felder schweifen. Fehlt nur noch, dass er sich die Hand in die Jacke steckt und sagt, er sei Napoleon, denkt Marianne, die sich noch nicht recht entscheiden kann, ob sie das alles hier lustig oder bedrohlich finden soll.

»Mit den Steckerln da magst den Ami aufhalten?« Der Schwarzwieser starrt den Plöchinger an. »Und die Buben sollens mit den Panzern aufnehmen, ha? Sag einmal, wie deppert bist denn?«

Der Lehrer fühlt sich jetzt sichtlich unwohl in seiner Haut und windet sich unter dem Blick des Bauern. Seine Generalspose hat der Plöchinger aufgegeben.

»Die Pflicht am Vaterland gebietet uns …«, hebt er an und versucht noch einmal, eine würdevolle Haltung einzunehmen. Aber Marianne kann der Unsicherheit dabei zusehen, wie sie dem Lehrer das dürre Rückgrat hinabkriecht.

»Ihr schauts jetzt, dass heim kommts.« Die Stimme ihres Vaters ist nicht lauter geworden. Aber Marianne kennt den drohenden Unterton, der jetzt darin schwingt. Die Blicke der Buben gehen unsicher zwischen den beiden Männern hin und her.

»Im Angesicht des Feindes darf …«, setzt der Plöchinger an.

»Schleichts euch!«

Die Worte explodieren mit einer solchen Wucht aus dem Schwarzwieser heraus, dass Marianne erschrocken zusammenfährt und beinahe darauf wartet, dass eine Druckwelle über die Brücke rollt und die Plöchinger'sche Burg samt Bubenbesatzung in den Fluss fegt. Aus dem wutverzerrten Mund ihres Vaters spritzt der Speichel bis über die

Barrikade, seine Augen treten aus dem purpurnen Gesicht, als würden sie den Dorfschullehrer anspringen wollen. Da gibt es kein Halten mehr: Als wäre der Blitz zwischen sie gefahren, jagen die Jungen davon, der angeschleppte Baumstamm rollt langsam über die Straße, bis er im Gras zum Liegen kommt. Verdattert schaut der Plöchinger seinen fliehenden Truppen hinterher. Dann setzt auch er sich in Bewegung und trabt davon. Auf der Brücke ist es jetzt still. Der alte Bauer atmet schwer. Da löst sich der oberste Baumstamm aus der Panzersperre und fällt polternd zu Boden. Eine Sekunde später platzt das Lachen aus Marianne heraus.

✧

Der Morgen ist kalt. Die Kälte dringt durch Ottos alten Wehrmachtsmantel. Es liegt Schnee in der Luft, denkt Otto, als er das Beil niedersausen lässt. Mit einem trockenen Knacken spaltet es das Scheit auf dem Klotz. Er wird jeden Tag besser, ja. Und trotzdem. Er muss weiter. Er muss nach Hause. Zu Käthe. Zu Ernst. Seine Wunde ist nahezu verheilt. Scheiß auf die Pflicht. Scheiß auf das Kriegsgericht. Er ist schon viel zu lange hier gewesen, im Wald. Er muss nach Hause. Zu seiner Familie. Das Einzige, wovor ihm graut, ist der Moment des Abschieds. Bereits seit Tagen wälzt Otto die Worte in seinem Kopf hin und her. Wie kann er den beiden Frauen jemals danken, was sie für ihn getan haben? Wie soll er das ausdrücken, was er empfindet? Und wollen die Zenz und die Lies das überhaupt hören? Otto ist so in Gedanken versunken, dass er das bleiche Gesicht, das sich vorsichtig um die Ecke des kleinen Häuschens schiebt, nicht bemerkt. Erst als der junge Soldat einen unsicheren Schritt aus der Deckung macht und den zitternden Lauf seines Gewehrs auf Otto richtet, hält dieser in seiner Arbeit inne. Hinter dem ersten Soldaten taucht ein zweiter auf. Auch er ist jung und bleich und in seinen Augen flackert die Furcht. Beide tragen grüne Uniformen.

»Wo Gäwähr? Wo Gäwähr?«, schreit der zweite Soldat, der eine Pistole in der Hand hält und sich ängstlich umschaut.

Langsam lässt Otto das Beil sinken und legt es auf den weichen Waldboden. Dann hebt er die Hände über den Kopf.

Wieder sitzt Otto zusammen mit anderen Männern auf der Ladefläche eines Lastwagens. Doch der gehört dieses Mal nicht der Wehrmacht, sondern der U. S. Army. Es nieselt auch nicht. Stattdessen fällt Schnee in schweren Flocken aus dem trüben Himmel. Otto reibt seine klammen Hände an den Oberschenkeln. In seiner Hosentasche spürt er den Brotkanten, den ihm die Lies noch schnell zugesteckt hat, bevor die beiden amerikanischen Soldaten ihn abgeführt haben. Vor Otto tut sich ebenes Gelände auf, gesprenkelt mit kleineren und größeren Gebäuden. Er kann einen Kontrollturm ausmachen, Baracken und mehrere Hangars. Ein Fliegerhorst also. Jetzt erkennt Otto auch die vom Schnee bedeckten Wracks. Mal in Reih und Glied, mal ganz willkürlich stehen die ausgebrannten Flugzeuge mitten auf dem Feld. Wie Skelette urzeitlicher Lebewesen sehen sie aus, deren Knochen unter einer weichen, weißen Decke ihre letzte Ruhe gefunden haben. Als der Lastwagen durch einen Kontrollposten rumpelt, taucht zu Ottos Linken ein Flugzeug auf, das noch beinah intakt scheint. Abgesehen von der geborstenen Kanzel, in der sich der Schnee sammelt. Eine Me 109, ist nicht schwer zu erkennen. Sind wohl alle schon vorher zerstört worden, von den eigenen Leuten, bevor der Ami angerückt ist. Da spürt Otto einen Tritt vor sein Schienbein. Einer der beiden Wachsoldaten grinst auf ihn herab.

»Luft-waffe. Ka-putt«, sagt er mit sonderbarer Betonung und deutet auf die Stahlgerippe.

Die beiden GIs biegen sich vor Lachen.

Die Schlange der Männer, die sich durch den zugigen Hangar des Fliegerhorsts Bad Aibling windet, bewegt sich nur langsam vorwärts. Von Ottos Position ist es noch weit bis zu den Tischen mit den Papierstapeln, hinter denen uniformierte Männer mit unbewegten Gesichtern sitzen. Trotzdem hat Otto sein Soldbuch bereits in der Hand. Man hat ihm erklärt, dass es zur Überprüfung seiner Angaben verwendet wird. Noch vor den Tischen werden die Neuankömmlinge von mürrisch dreinblickenden GIs gefilzt. Otto kann erkennen, wie Feldstecher, Brieftaschen, Messer, ein Fotoapparat, aber auch Brillen durch die Hände der Ami-Soldaten wandern. Dann müssen die Gefangenen den linken Oberarm freimachen. Wer dort eine Tätowierung seiner Blutgruppe hat, wird von den Bewachern ausgesondert und einer anderen Schlange zugeteilt.

»Geht dat mitte Extrawürste für SSler hier nu auch weiter?«

Otto dreht sich um. Hinter ihm steht ein großer, dünner Mann. Sein zurückweichendes, helles Haar ist kurz und stoppelig und geht nahtlos über in einen rötlichen Bart. Der linke Schneidezahn ist halb abgebrochen, was den Mann gleichzeitig verwegen und dümmlich aussehen lässt. Ein bisschen wie ein Seeräuber, geht es Otto durch den Kopf. Der lange Ralle oder Messer-Ede oder wie sie alle heißen in den Abenteuerheftchen, die sich unter dem Bett seines Sohnes stapeln. Gerade wird die SS-Reihe, die sich für den Geschmack ihrer Bewacher offenbar nicht schnell genug vorwärtsbewegt, mit Fußtritten und Gewehrkolben bearbeitet.

»Sieht nich aus, als würdense sich über die Sonderbehandlung freuen«, sagt der Mann hinter ihm und grinst.

Ein paar Männer weiter vorne bricht plötzlich Unruhe aus.

»Nein, no, no, gib die wieder her«, schreit ein aufgebrachter Landser, der nach einer Armbanduhr greifen will, die einer der GIs gerade mit geschultem Blick mustert. »Die war ein Geschenk zum Hochzeits …«

Der Tritt in den Hintern lässt den zeternden Kameraden bäuchlings auf dem Asphaltboden landen. Die amerikanischen Soldaten traktieren den am Boden Liegenden noch mit halbherzigen Tritten, bis ihr Opfer außer Reichweite gekrochen ist und sie das Interesse verlieren. Die Uhr verschwindet in der Hosentasche des GIs mit der Kennermiene. Da hört Otto wieder die Stimme seines Hintermanns.

»He, weißte, wat USA heißt?«

Otto dreht sich um, aber noch bevor er den Mund öffnen kann, gibt der Pirat sich selbst die Antwort.

»Uhren sammelnse auch«, prustet er und sieht dabei aus, als wäre er mächtig stolz auf seinen Scherz. Auch Otto muss lächeln, wenn auch eher über die kindische Freude des großen Mannes als über den Witz.

»Ach ja«, sagt der und streckt Otto eine erstaunlich kleine Hand hin. »Heinrich.«

»Otto«, sagt Otto und ergreift die Hand.

Das Feld füllt sich rasch. Die Männer werden auf Lastwagen angekarrt, schlurfen in langen Kolonnen auf das Gelände des Fliegerhorsts, kommen in kleinen Gruppen oder auch ganz allein. Erst sind es Männer aus der näheren Umgebung, dann viele Soldaten, die in Österreich stationiert waren. Die meisten haben sich freiwillig ergeben, um der Gefangennahme durch die vorrückenden Russen zu entgehen. Als Otto am ersten Morgen erwacht und unter Heinrichs Ölpapierplane hervorkriecht, mit der die beiden das Erdloch zugedeckt haben, das ihnen als Behausung dient, ist das Feld bedeckt mit einer wogenden Masse feldgrauer Leiber. Die Ebene hat sich in einen Sumpf verwandelt. Knöcheltief stehen die Männer im Morast, einige sitzen Rücken an Rücken, ihre Mäntel schwarz vom Dreck und weiß vom Raureif.

Als Otto nach Süden blickt, ist er überrascht, wie nahe die Berge sind. Das hatte er gestern gar nicht bemerkt. Wahrscheinlich wegen der trüben Witterung und dem Schneefall. Oder wegen der Aufregung. Direkt vor ihm ragt ein markanter, runder Buckel aus der Bergkette. Hinter ihm kämpft sich Heinrich unter der Plane hervor und streckt seine langen Glieder.

»Verdammt, is dat kalt!«

Er schlägt seine Arme gegen den Körper, um das Blut in Wallung zu bringen. Dann dreht er sich um und betrachtet zweifelnd ihr Nachtlager.

»Nu, da hab ich schon besser gepoft.«

Er stellt sich neben Otto und lässt den Blick über den stetig wachsenden Ozean an Menschen schweifen, der sich in alle Himmelsrichtungen über das gesamte Gelände erstreckt.

»Aber wenn ich mich so umgucke, da hamm wirs ja nich schlecht getroffen mit unsrer Kabüffken, wa?«

Er knufft Otto in die Seite und fährt fort:

»Hömma, die Miete für gestern Nacht haste ja bezahlt. Aber heut …«

Den harten Brotkanten von der Lies hatten sich Otto und Heinrich gestern Abend noch geteilt, dazu gab es geschmolzenen Schnee aus der Feldflasche. Otto holt Luft, um etwas zu sagen, ohne zu wissen, was genau er antworten soll.

»Nee, komm, lass ma«, wehrt Heinrich grinsend ab. »Warn Scherz. Bin ja froh, dat nochn zwoter Schwamm da drinne liecht, der dat Wasser aufsaugt.« Er reibt die kleinen Hände aneinander und sieht sich suchend um. »Nu, dann wolln wir ma Frühstück besorgen, wa?«

Während sie auf der Suche nach Essbarem durch den Schlamm stapfen, saugt Otto die Bilder um sich herum auf. Die Glücklichen, die eine Plane oder Decke bei sich hatten, haben sich wie Otto und Heinrich mit bloßen Händen ein Loch in die kalte, feuchte Erde gegraben und es anschließend zugedeckt. So ist man zumindest vor dem Wind geschützt. Manche haben ihren Unterschlupf noch zusätzlich mit seitlich aufgestellten Rasenstücken befestigt. Andere haben die Flugzeugwracks ausgeschlachtet oder alte Militärlastwagen, die hier und da auf dem weitläufigen Gelände herumstehen, und sitzen auf hölzernen Bänken oder Blechplatten unter freiem Himmel. Weiter vorne in Richtung der Straße, die zu den Hangars führt, sieht Otto einen hölzernen Spind, der auf die Seite gekippt im Dreck liegt. Der schmale Schrank wird von sechs Soldaten bewohnt, je einer liegt im Erdgeschoss beziehungsweise ersten Stock, vier weitere Männer sitzen Schulter an Schulter an die Rückwand gelehnt auf der Erde.

»Nu, wenn dat ma nich dat Granhotel Berchblick is.«

Heinrich ist stehen geblieben und betrachtet die improvisierte Behausung sichtlich beeindruckt.

»Wer so nobel wohnt, der hat auch wat zu essen, wa?«

Der Mann aus dem ersten Stock mustert Heinrich und Otto mit einem unfreundlichen Blick.

»Haut ab«, sagt er, »hier hat keiner was zu fressen.«

»Und wenn, dann würden wirs sicher nicht mit dir Spaßvogel teilen«, ergänzt der Bewohner aus dem Erdgeschoss.

»Dat sind Manieren, wa, Otto?« Kopfschüttelnd setzt sich Heinrich wieder in Bewegung und Otto muss sich beeilen, um zu seinem Begleiter aufzuschließen.

»Nu, dat hat ja nich besonders gut geklappt«, sagt Heinrich, als die beiden am Abend wieder in ihrem Erdloch liegen und auf die dreckige Plane über ihnen starren.

»Mmhm«, brummt Otto.

Sein Magen knurrt. Der halbe Brotkanten war das letzte gewesen, das er seit gestern Abend gegessen hat. Der Regen trommelt auf die Plane und Otto fühlt, wie das Wasser, das von allen Seiten in die Grube sickert, langsam durch seinen Mantel dringt.

»Sach ma, Otto«, hört er Heinrichs Stimme neben sich, »wann isset bei dir so weit gewesen?«

»Was?«

»Dat dus gewusst hast?«

Otto dreht den Kopf und schaut zu Heinrich hinüber, der immer noch nach oben an die Plane stiert.

»Was meinst du? Was gewusst?«

»Nu, dat wirn Kriech nich mehr gewinnen.«

Otto merkt, wie sich sein Nacken anspannt. Was, wenn das hier jemand hört? Sie sind umgeben von deutschen Soldaten, Tausenden, Abertausenden. Aber dann fällt ihm ein, dass sie Gefangene sind. Sie alle.

»Ich weiß nicht. Du?«

Heinrich lacht. »Ich weiß es schon. Ich weiß es sogar noch ganz genau. In Frankreich isset gewesen. War inner Pioniereinheit. Haben Bombenkrater zugeschüttet aufn Straßen, den ganzen Tach. Mit Schubkarren und Schaufeln. Zwanzich Mann sind wir gewesen. Ungefähr acht Stunden hamm wir gebraucht für so nen Krater. Dann hammse uns erwischt, die Amis. Und am nächsten Tach bin ich wieder an so ne Straße gesessen, löchrich wie nen Schweizer Käse, und hab gewartet, dasse mich in ihr Lager bringen, die Amis. Und weißte, wat ich da gesehen hab?« Heinrich dreht sich auf die Seite und blickt Otto ins Gesicht. Die nasse Erde unter ihm gibt dabei ein schmatzendes Geräusch von sich. »Da sitzt so nen schwarzer Boy auf seiner Schubraupe, Bulldoser sacht der Ami, glaub ich, und schaufelt so nen Krater in zwanzich Minuten zu.« Er macht eine Pause, wie um seine Worte auf Otto wirken zu lassen, dann fährt er fort: »Da hab ich gesacht, Heinrich, hab ich mir gesacht, dat wird nix mehr mitte Endsiech.«

Otto ist immer noch nicht wohl in seiner Haut und er versucht, das Gespräch in eine andere Richtung zu lenken.

»Aber der deutsche Soldat, der ist dem Ami doch weit überlegen.«

Heinrich schnaubt belustigt. »Nu, dat mag sein. Aber ne Armee besteht nu ma aus Männern und Gerät. Männer ohne Ausrüstung sind noch keine Armee nich.«

Otto überlegt, dann sagt er: »Du hast was vergessen: Eine Armee besteht aus Männern, Ausrüstung und Verpflegung.«

»Da haste Recht«, lacht Heinrich. »Schau uns einer an! Ne feine Armee sind wir.«

Jetzt muss auch Otto lachen und für einen kurzen Moment spürt er weder Kälte noch Nässe noch Hunger.

An den Rändern des weiten Feldes sind mittlerweile amerikanische Sherman-Panzer aufgefahren. Oben auf den Geschütztürmen sind schwere Maschinengewehre aufgepflanzt, dahinter sitzen rauchende GIs. Auf dem Panzer, der am nächsten an Ottos und Heinrichs Erdloch steht, hat jemand mit weißer Farbe und in krakeliger Schrift das Wort »Ronson« gepinselt. Otto hat keine Ahnung, was das bedeuten soll. Abends wird die Fläche zwischen den Panzern, die aufgrund des nicht versiegen wollenden Zustroms von Gefangenen immer wieder vergrößert werden muss, von Flakscheinwerfern ausgeleuchtet. Sie strahlen flach über den Morast und verleihen den Umrissen der Menschen etwas Kulissenhaftes.

Jetzt sind die Scheinwerfer ausgeschaltet. Staunend beobachten die Männer den Lastwagen, der über die Wiese rumpelt. Alle paar Meter bleibt er stehen und das Rammgerät auf seiner Rückseite stanzt tiefe Löcher in die weiche Erde, in die anschließend große Pfosten gesteckt werden. Von einer senkrecht angebrachten Stange wickeln sich drei Rollen mit Stacheldraht, der an den Pfosten befestigt wird.

»Nu, wat hab ich dir gesacht?«

Auf Heinrichs Gesicht leuchtet der Stolz, als wäre er persönlich verantwortlich für die rasche Umzäunung des Lagers, das jetzt aus zahlreichen Pferchen besteht, die durch hohen Stacheldraht voneinander abgegrenzt sind. Otto nimmt den letzten Schluck aus seiner Feldflasche. Scheiße, jetzt heißt es wieder anstehen. Da die lieben Kameraden, bevor sie den Fliegerhorst an den anrückenden Feind übergeben haben, nicht nur die Flugzeuge, sondern auch die Leitungen und Rohre zerstört haben, ist Wasser jetzt ein wertvolles Gut. Lange nicht so wertvoll wie Essen, natürlich. Regen und Schnee gibt es schließlich mehr als genug. Das Einzige, das Otto in den ersten Tagen im Lager zu essen bekommt, ist ein trockener Zwieback aus der Eisernen Ration eines Kameraden, der ihm dafür siebzig Reichsmark und seine Schnürsenkel abknöpft. Otto bereut das Geschäft sofort, als das tief in seinem stumpfen Magen dämmernde Hungergefühl beim ersten Bissen mit einem wütenden Brüllen erwacht. Bis es sich wieder entkräftet in sein leeres Loch zurückzieht, dauert es ein paar Tage. Otto hat schon Gefangene dabei beobachtet, wie sie Kistenbretter kauen. Sogar im Grandhotel Bergblick meint Otto heute morgen Bissspuren ausgemacht zu haben. Einmal sieht er, wie ein alter Landser im Pferch nebenan, Otto schätzt ihn auf ungefähr sechzig Jahre, am Rand des Feldes etwas Gras sammelt, um es in einer rostigen Blechdose auf seinem mickrigen Feuer zu einer Suppe zu verkochen. Als das der missgelaunte Wachsoldat, der am Zaun Dienst tut, bemerkt, tritt er Dose, Flamme und Mensch in den Schlamm. Danach reißt er den alten

Mann hoch und lässt ihn just an Ort und Stelle strammstehen, stundenlang, bis er völlig entkräftet zusammenbricht.

Otto fragt sich, wie viele Menschen sich wohl mittlerweile in den Cages, wie die Wachsoldaten sagen, drängen. Er schätzt, dass es pro Käfig etwa dreitausend Männer sein dürften. Von seinem Pferch aus kann Otto mindestens fünfzehn weitere Käfige zählen, eine riesige, von hohen Stacheldrahtzäunen schachbrettartig durchzogene Fläche, die etwa in der Mitte von der Lagerstraße in zwei Hälften geteilt wird. Aber vielleicht sind es auch mehr als fünfzehn Cages. Otto hat von den Spezialkäfigen gehört. Cage 17 Dora zum Beispiel. Da sitzen die Leute ein, die von den Amerikanern zu Kriegsverbrechern erklärt wurden. Und Cage 12 ist für Angehörige der Waffen-SS reserviert. Denen soll es noch beschissener gehen, hat Heinrich ihm erzählt. Sitzen ist dort verboten, auch alte Soldaten müssen stehen und sogar Beinamputierte mit ihren Krücken. Otto kommt es nicht so vor, als hätte Heinrich großes Mitleid mit den Männern aus Cage 12. Stehen müssen Otto und seine Kameraden im Cage 4 nur bei den täglichen Appellen. Die können aber Stunden dauern, egal ob es schneit oder in Strömen regnet. Ständig werden Männer von einem Käfig in den anderen verlegt, es herrscht ein stetes Kommen und Gehen. Dabei müssen alle Wege im Laufschritt zurückgelegt werden und manchmal machen sich die Amis einen Spaß daraus, knapp über die Köpfe der Gefangenen hinwegzuschießen, dabei schreien sie »Mak snell, mak snell!«

»Drüben inne Hangars gibts Blitzmädels«, sagt Heinrich, der neben Otto am Zaun steht und über die Lagerstraße zu den großen Gebäuden blickt. »Hat mir so ne Type aus Wuppertal erzählt. Der is im Arbeitskommando und kommt rum.«

Das Gerücht hat Otto auch schon gehört, aber als Spinnerei abgetan. Warum sollten die Amis bitteschön Wehrmachtshelferinnen einsperren? Klar, ein paar von ihnen mussten bei der Flugabwehr arbeiten, mit den Scheinwerfern den Himmel absuchen und so. Aber die meisten waren einfache Telefonistinnen, Fernschreiberinnen, Funkerinnen, Stenotypistinnen. Als ob die der U. S. Army gefährlich werden könnten.

»Wat is mit dir?« Heinrich wirft Otto einen Seitenblick zu.

»Was soll mit mir sein?«, fragt Otto zurück, ohne den Blick von den Hangars zu lassen.

»Mit die Mädels? Haste eine?«

Otto nickt.

»Nu, komm, jetzt lass dir doch nich alles ausse Nase ziehen.«

Heinrich hat sich jetzt zu Otto umgedreht und schaut ihn erwartungsvoll an. Mit einem leisen Seufzen wendet sich Otto seinem Freund zu.

»Käthe heißt sie. Sind seit sieben Jahren verheiratet.«

»Is nich dein Ernst?«

Heinrich sieht tatsächlich überrascht aus. Otto öffnet die obersten Knöpfe seines klammen Mantels und fingert ein feuchtes Papierbündel heraus. Er reicht Heinrich ein Foto.

»Junge, Junge«, sagt Heinrich anerkennend. »Hätt ich dir gar nich zugetraut. Und der Kleine?«

»Ist auch mein Ernst. Heißt auch so. Ist letzten Monat sieben geworden.«

Heinrich lacht. »Nu, da haste ja was zum freuen, wa?« Er reicht Otto das Foto und klopft ihm auf die Schulter.

Noch während Otto das Bündel wieder in der Innentasche seines Mantels verstaut, regt sich das altbekannte Ziehen in seiner Brust und drängt nach oben. Es schnürt ihm immer noch den Hals zu, als eine Stunde später zwei GIs an den Zaun treten und in gebrochenem Deutsch nach Freiwilligen für einen Arbeitseinsatz fragen.

»Stopf dir dat Gras inne Taschen und Hosen«, sagt Heinrich, der neben Otto auf der kalten Wiese kniet und mit den Händen Gras rupft. »Dat hält dich warm.«

Das Rollfeld, für das es weder Mähmaschinen noch Schafe gibt, ist gestern eilig wieder in Betrieb genommen worden. Immer wieder landen deutsche Flugzeuge, die in die Hände der Amerikaner gefallen sind und jetzt auf dem Fliegerhorst zusammengezogen werden. Offenbar haben die Amis selbst nicht genug Piloten oder aber die Ami-Piloten kommen mit der deutschen Technik nicht zurecht. Denn die meisten Flugzeuge werden von Piloten der Luftwaffe geflogen. Otto hat schon mehrere von ihnen aus den Kanzeln klettern sehen.

»Da kommt wieder einer«, sagt Heinrich, der innegehalten hat und mit der Hand über den Augen in den blauen Himmel blinzelt.

Auch Otto hört auf, das feuchte Gras zu rupfen und sucht den Himmel ab. Und tatsächlich, von Westen nähert sich ein kleiner, schwarzer Punkt, der schnell größer wird. Jetzt kann Otto den silbergrauen Rumpf erkennen. Aber anstatt in den Sinkflug zu gehen, neigt sich der Jäger zur Seite und beschreibt einen engen Kreis über dem Lager. Das Hakenkreuz auf dem Seitenruder blitzt dabei in der Sonne über den tausendfach emporgereckten Gesichtern. Otto bemerkt, wie sich Unruhe unter den Wachsoldaten auf dem Rollfeld breitmacht. Da schwenkt der Jäger wieder auf Kurs und steuert, rasch an Höhe verlierend, auf die Landebahn zu. Plötzlich erstirbt das Geräusch seiner Motoren und das Flugzeug gleitet in gespenstischer Stille auf den Boden zu.

»Scheiße, wat macht der denn?«

Heinrich ist aufgesprungen.

»Der hat sein Fahrwerk nicht ausgefahren«, ruft Otto, der den Blick nicht losreißen kann von der Maschine, die direkt auf das Arbeitskommando zusteuert. Mit einem Satz, der das Gras aus seinen Taschen fliegen lässt, ist Otto auf den Beinen. Doch da klatscht das Flugzeug bereits mit dem Rumpf auf den Boden, schlittert knirschend über das Gras und kommt etwa hundert Meter vor Otto zu stehen. Der Bug hat sich in die Wiese gebohrt und dabei einen Haufen Erde vor sich aufgeschoben, eines der drei Propellerblätter ist abgebrochen, das Heck ragt in die Luft. Jetzt öffnet sich die Pilotenkanzel und ein Mann in schwarzer Lederjacke steigt aus, die Fliegerbrille hat er sich nach oben ins Haar geschoben. Da brandet auf einmal Beifall auf, wie ein Brausen schwillt er über dem Lager an, aus tausenden und abertausenden Händen, rauscht über Otto hinweg, über das ruinierte Flugzeug und über den Piloten, der die Hand

wie zum Gruß hebt und lächelt. Dann sind die GIs bei ihm und führen in ab.

»Teufelskerl«, sagt ein Mann neben Otto und nickt anerkennend. »Schenkt dem Ami nix.«

Arschloch, denkt Otto und macht sich wieder daran, seine Hosen mit Gras auszustopfen.

Am Abend sitzt Otto vor einer dampfenden Blechschüssel. Ihr Inhalt besteht aus trübem Wasser, in dem noch milchige Reste von Sauerkraut schwimmen.

»Dat Kraut muss schon vorher jemand verdrückt haben«, sagt Heinrich missmutig, während er mit seinem Löffel suchend in der dünnen Flüssigkeit rührt.

Otto hat niemals etwas Besseres gegessen.

17. JULI 1945

»Ihr müsst Druckverbände anlegen!« Mit beiden Armen gestikulierend redet Fritz auf die Soldaten ein, die vor ihm stehen. »Decken, Mäntel, Hemden, egal … Nehmt, was ihr finden könnt.«

Der Mann neben ihm gibt ein langgezogenes Stöhnen von sich. Fritz weiß nicht mehr, der wievielte Verletzte es ist, der da auf dem Küchentisch aus dem Bahnwärterhäuschen liegt. Den hölzernen Tisch haben der Eisenbahner und drei Männer in zerschlissenen Wehrmachtsmänteln angeschleppt und auf dem Bahndamm abgestellt. Dort steht er seither. Und Fritz daneben. Wie lange ist das jetzt her? Minuten? Stunden? Fritz hat jedes Zeitgefühl verloren. Das Schreien der Eingeklemmten und Sterbenden sägt in sein Hirn wie der Draht, mit dem er gestern der Kuh beim Kerschgruber das Horn abgetrennt hat. Jedenfalls hat es sich schnell herumgesprochen unter den Überlebenden, dass da ein Doktor ist. Immer wieder schleifen Männer entstellte Leiber aus der Dunkelheit und legen sie an der Böschung neben Fritz ab. Viele von ihnen sind bereits tot. Aufgereiht wie Schweinehälften im Schlachthof, denkt Fritz. Was die Soldaten wohl sagen würden, wenn sie wüssten, dass sie ihre Kameraden einem Viechdoktor unters Messer legen? Unters Küchenmesser wohlgemerkt. Wahrscheinlich wärs ihnen egal. Man nimmt, was man kriegt. Fritz blickt in die Runde.

Die Männer nicken. Auch der Amerikaner, der offenbar als Wachtposten auf dem Zug gewesen ist. Seine Hautfarbe ist dunkler als die der anderen Männer. Vielleicht ein Lateinamerikaner, geht es Fritz durch den Kopf. Oder ein Indianer. Wie in den Geschichten, die der Bub so gerne liest. Ob der Mann ihn verstanden hat, kann Fritz nicht sagen. Fritz deutet auf das Päckchen, das am Gürtel des ausländischen Soldaten hängt.

»Was ist da drin?«

Der Blick des Mannes folgt Fritz' ausgestrecktem Zeigefinger.

»First aid.« Der Amerikaner löst den Beutel von seinem Gürtel und reicht ihn über den wimmernden Verletzten herüber. Fritz reißt das Päckchen auf und entrollt einen Verband.

Silbersulfadiazin. Fritz nickt zufrieden. Dann kippt er einige Pillen aus dem Beutel in seine Hand und mustert sie. Wahrscheinlich Schmerztabletten. Er hält den Verband und die Tabletten hoch, so dass der Soldat sie sehen kann.

»Ich brauch mehr davon.« Fritz fixiert das fremdländische Gesicht. »Alles, was ihr habt.«

Der Soldat nickt und verschwindet zwischen den Trümmern.

Der Mond ist mittlerweile nicht mehr zu sehen, verschluckt von den sich im Westen neben dem Bahndamm auftürmenden Felsen. Das einzige Licht, das Fritz' Arbeitsplatz erhellt, ist die rötlich glimmende Laterne des Zugführers. Sie wirft ihr Licht auf das Bein des vor ihm liegenden Mannes, das vom Knie abwärts nur aus offenem Fleisch besteht, an dem blutige Hautfetzen baumeln. Fritz wischt das große Küchenmesser an seiner Hose ab. Das Holz des Tisches hat sich mit Blut vollgesaugt und glänzt feucht im Schein des Signallichts. »Schaut aus wie ein Henkersblock«, murmelt Fritz und richtet seine Aufmerksamkeit auf den verletzten Soldaten.

»Gegrüßet seist Du, Maria, voll der Gnade …«, stammelt der Mann leise vor sich hin. Tränen laufen über seine Wangen. »Der Herr ist mit Dir. Du bist gebenedeit unter den Frauen …« Fritz' Finger tasten nach einem Stück Holz, das er vom Gleisbett aufgelesen hat. Es ist voller Bissspuren. »Und gebenedeit ist die Frucht Deines Leibes, Jesus.« Fritz schiebt ihm das Holz zwischen die Zähne. Die Augen des Mannes weiten sich vor Angst.

»Festhalten.«

Der Mann neben Fritz, ein älterer Landser mit stoppeligem Bart, strafft die Schultern. Dann drückt er den Oberkörper des Mannes auf dem Tisch mit aller Kraft nach unten. Aus dem Mund des Verletzten dringt ein Gurgeln. Fritz setzt das Messer an und beginnt mit raschen Bewegungen zu schneiden.

Das Aufblitzen von Lichtkegeln zwischen den Bäumen reißt Fritz aus seiner fieberhaften Konzentration. Vor ihm liegt ein junger Mann auf dem Tisch. Bis auf das Blut, das in einem dünnen Rinnsal aus seinem Ohr sickert, sieht er unverletzt aus. Seine Augen sind halb geöffnet, sein glattes Gesicht ist entspannt. In einem Mundwinkel, gleich unter einem großen Leberfleck, aus dem ein paar dunkle Haare sprießen, hat sich rötlicher Schaum gesammelt. Eins der größeren Bläschen platzt lautlos.

»Was ist mit ihm?«, fragt der Mann, der vor drei oder vier Verletzten den alten Landser an Fritz' Operationstisch abgelöst hat. Sein neuer Helfer ist groß und breitschultrig, er hat kurzes Haar und sein Mantel ist so voller Dreck und Blut, dass man unmöglich sagen kann, welche Farbe er einmal hatte.

»Innere Verletzungen«, antwortet Fritz geistesabwesend und blickt die Böschung hinauf zu den gelben Lichtern, die zwischen den Bäumen tanzen. Sie kommen schnell näher. Jetzt kann er auch die Motorengeräusche hören, die sich durch die Schmerzensschreie einen Weg zu seinen Ohren bahnen. Kurz darauf rollen Militärlastwagen aus dem Wald. Der Feldweg endet am Bahnwärterhäuschen, aus dessen Fenstern Licht auf die zerstörten Körper fällt, die hier auf dem ebenen Boden abgelegt wurden. Der erste Lastwagen schiebt sich vor Licht und Leichen und kommt vor dem Häuschen zu stehen. Soweit Fritz es von seiner Position aus erkennen kann, handelt es sich um deutsche Fahrzeuge. Von den Ladeflächen springen Männer. Er hört Befehle. Dann hält ein amerikanischer Jeep mit knirschenden Reifen zwischen den Bäumen. Fritz hört das Knallen von Fahrzeugtüren. Taschenlampen flammen auf und zucken suchend über das Trümmerfeld. Ein Lichtstrahl sticht Fritz ins Gesicht. Er senkt den Blick und spuckt aus. Dann wendet er sich wieder dem jungen Mann zu, der vor ihm auf dem Tisch liegt. Um den Mund des Soldaten spielt ein sanftes Lächeln, seine Augen blicken in den Himmel, an dem sich ein erster fahler Lichtstreif zeigt. Er ist tot.

✦

Als Otto erwacht, ist er allein. Dort, wo sich sonst die dreckige Plane über seinem Kopf spannt, ist nichts. Doch, da ist etwas. Schlanke Säulen schießen in den Himmel und explodieren weit oben in einem Gewirr aus dunklen Linien und silbrigem Licht. Ottos Nacken schmerzt und doch kann er seinen Blick nicht abwenden von diesem sonderbaren Schauspiel hoch über ihm. Erst jetzt fallen ihm die Geräusche auf. Langsam und kraftlos, wie eine im Honig treibende Fliege, ändert er seine Haltung und richtet seine Aufmerksamkeit auf den mächtigen, schwarzen Wurm, der da im Wald liegt und sich zu beiden Seiten aus seinem Blickfeld erstreckt. Ab und zu schwirren Lichtpunkte durch die Finsternis, wie Glühwürmchen in wirren Bahnen, die noch lange in Ottos Kopf nachglimmen. Nach und nach wachsen die einzelnen Eindrücke zusammen. Der Zug. Die Waggons. Der Wald. Otto sitzt einige Meter die Böschung hinauf zwischen den Bäumen. Jemand muss ihn hier abgelegt haben, mit dem Rücken an einen Stamm gelehnt.

»Heinrich?«, flüstert Otto.

Seine Augen irren suchend umher. Aber Heinrich ist nicht da. Erschöpft lehnt Otto den Hinterkopf an die raue Borke.

»Was heißt USA noch mal?«, fragt er leise in die Dunkelheit. Dann muss er lachen. Es klingt eher wie ein Röcheln und tut höllisch weh. Den muss ich Käthe erzählen. Der Gedanke sackt mit solcher Wucht in sein Bewusstsein, dass ihm schwindlig wird. Otto hat das Gefühl, sich übergeben zu müssen, er krümmt sich und würgt, aber sein Hals bleibt trocken. Schwer atmend richtet er sich wieder auf, kalter Schweiß steht ihm auf der Stirn. Käthe. Käthekäthekäthe. Ernst. Ja, der Junge. Ich muss doch den Hund … Ottos Hand fährt suchend über seinen Mantel. Die Briefe. Er spürt das Bündel nicht. Wo sind die Briefe? Die Panik rast auf Otto zu wie eine Wand, der andere Arm will dem ersten zu Hilfe kommen, aber er baumelt nutzlos an seiner Seite, Schweiß strömt über sein Gesicht, oder sind es Tränen, die Briefe, er findet sie nicht, sie sind nicht da, die Briefe. Um ihn herum tobt der Wald.

Da schneiden plötzlich grelle Flammen durch die Dunkelheit, Otto hört das Röhren von Motoren. Da drüben, ist das ein Haus? Kurz steht Otto in Gedanken zwischen dunklen Bäumen vor einer kleinen Hütte im Wald. Zenz und Lies. Und der Hund aus Teer. Ein Hund für den Jungen, er darf es nicht vergessen. Aber nein, das Haus sieht ja ganz anders aus. Und dort wimmelt es von Leuten. Wo kommen die alle her? Otto ist plötzlich hellwach. Er sieht, wie Körper auf Lastwagen gehievt werden. Schmerzensschreie und Kommandos hallen zu ihm herauf. Schon sind die Ladeflächen voll, der erste Lastwagen setzt sich rumpelnd in Bewegung, dicht gefolgt vom zweiten. Da sieht er eine Gestalt, die sich an der Ladeklappe des vorderen Fahrzeugs nach oben zieht. Im Licht der Scheinwerfer des nachfolgenden Wagens meint Otto, ein vor Angst, Schmerz und Anstrengung verzerrtes Gesicht zu erkennen. Der Mann, er trägt einen grauen Mantel wie Otto, schiebt sich über die Klappe, dann verschwindet sein Körper aus Ottos Sicht. Der zweite Lastwagen macht einen Satz, erst vorne, dann hinten, Otto kann das Knacken zwischen den allgegenwärtigen Schreien hören.

✦

Mittlerweile kann Marianne die Schreie schon den verschiedenen Männern zuordnen. Das spitze, beinahe mädchenhafte Kreischen gehört zu dem Soldaten da vorne, an dessen dürren Armen seine Kameraden bereits eine Weile lang verzweifelt ziehen. Aber der gierige Schlund mit den spitzen Zähnen aus Holz und Eisen, aus dem der Mann ragt, will den Unterleib seines Opfers nicht freigeben. Der monotone Singsang dagegen gehört zu dem kleinen bärtigen Mann, den seine Kameraden an der Böschung gleich neben einer Quelle abgelegt haben. Er presst die Hände auf den nassen Bauch, zwischen seinen Fingern glänzen Tentakel, die Marianne an frische Würste am Schlachttag erinnern. Oder der Mann, der sich, offenbar nicht mehr Herr seiner Sinne, aller Kleider entledigt hat und jetzt wie ein bleicher Geist durch die Trümmer stolpert, während er nach seiner Mama ruft. Die am Rande der Erschöpfung arbeitenden Soldaten, die er dabei ein ums andere Mal passiert, haben ihm bereits einen Spitznamen verpasst: Muttersöhnchen.

Immer wieder verstummt ein Schreien. Dann durchzuckt Marianne, die überall zugleich ist, Wasser reicht, Decken verteilt, Trümmer beiseite räumt, jedes Mal ein Gefühl der Erleichterung, für das sie sich noch im selben Augenblick schämt. So auch jetzt, als das helle Kreischen des eingeklemmten Mannes erstirbt. Entsetzt über sich selbst, schlägt Marianne zwei Kreuze vor Stirn und Brust. Kurz darauf legen vier Soldaten ihren verstummten Kameraden in die lange Reihe zermalmter Körper, die sich schon vom Bahnwärterhäuschen bis zum Waldrand erstreckt.

Immer wieder sieht Marianne Männer, die mit stumpfem Blick auf dem Boden sitzen, völlig apathisch, unfähig sich an der Bergung der Opfer zu beteiligen. In Marianne brodelt die Verachtung. Als sie im Morgengrauen die Schienen entlang in Richtung des vorderen Zugteils läuft, auf der Suche nach Verbandsmaterial, sieht sie eine Gruppe unverletzter Soldaten, die in ihrem Waggon beieinandersitzen und im Schein einer Taschenlampe Karten spielen. Fassungslos bleibt sie stehen und starrt in den Wagen. Leere Augen aus unbewegten Gesichtern blicken zurück.

Noch in der Nacht sind weitere Amerikaner eingetroffen sowie Wehrmachtssoldaten eines technischen Bataillons, die jetzt Seite an Seite mit den Überlebenden arbeiten. Marianne fällt auf, dass die Männer des Bataillons allesamt ihr bestes Soldatenalter weit überschritten haben. Ihrem Dialekt nach sind sie nicht von hier. Vielleicht aus Schlesien, denkt Marianne, die eine ähnliche Mundart bei im Ort untergebrachten Flüchtlingen gehört hat. Die Worte klingen jedenfalls fremd in ihren Ohren.

In der Zwischenzeit hat der heraufziehende Tag den gnädigen Schleier der Dunkelheit gelüftet und damit begonnen, die höllische Szene erbarmungslos auszuleuchten. Marianne erkennt nun auch einzelne Gesichter aus dem Dorf. Den Kirmaierlenz. Den Sollersepp. Den Dorfgendarmen Hainzinger. Flüchtlinge, die in der Baracke am Kreuzfeld wohnen, und deren Namen sie nicht weiß. Darunter auch zwei Frauen. Den riesenhaften Knecht vom Bichlerhof, der gerade mit einer Brechstange menschliche Überreste aus den Trümmern löst. Sogar der alte Girgl ist da und schafft humpelnd geborstenes Holz zur Seite. Und der neue Viechdoktor. Wie heißt er noch mal? Marra, ja, genau. Er steht an einem hölzernen Tisch, die schwarzen, schweißnassen Locken kleben ihm an der Stirn, und operiert mit verbissenem Gesichtsausdruck einen vor Schmerz schreienden Mann. Der sich windende Körper des Verletzten ist so voll dunkler Löcher, dass Marianne unwillkürlich an einen wurmstichigen Apfel denken muss. Sie drängt den Gedanken beiseite und will gerade zurück zum Bahnwärterhaus, um neues Wasser für die Verletzten zu holen, da fällt ihr Blick auf einen alten Mann, der wie angewurzelt mitten in dem Durcheinander steht und geistesabwesend auf die Verwüstung um ihn herum starrt. Erst auf den zweiten Blick erkennt Marianne den alten Pongratz. Wie entrückt steht er da, ausgemergelt, die Augen tief in den Höhlen, nur ein Schatten des Mannes, an den sich Marianne als Mann von der Ursch, als Opa vom dicken Wast, als Bahnhofsvorsteher erinnert. Marianne muss an die Beerdigung denken. An ihren Vater. Wie er dem Pongratz die Hand reicht. Wie er dessen Blick ausweicht.

»Tut gut, wieder deutsche Uniformen zu sehen, jetzt wo mir wochenlang nur Amis gsehen haben, ha?«

Marianne dreht sich um und schaut dem Sprecher ins Gesicht. Der Sollersepp steht hinter ihr und beobachtet einige Männer des technischen Bataillons, die gerade ein Schweißgerät von der Ladefläche eines Lastwagens hieven. Ohne darauf zu antworten, setzt Marianne ihren Weg zum Bahnwärterhaus fort.

✦

Paul jagt durch die Weite Point. So nennen die Dörfler das Ackerland, das unmittelbar nördlich von Aßling liegt. Die Nacht kriecht langsam aus dem Tal und macht Platz für den neuen Tag. Nur zwischen den Bäumen auf den Talhängen krallt sie sich noch fest. Trotzdem ist die Luft schon unnatürlich warm und drückend. Um Paul herum steigt der Dampf aus den Wiesen. Die ersten Sonnenstrahlen funkeln im nassen Gras, das ihm beim Rennen gegen die Beine peitscht. Am Boschert-Gehölz bleibt Paul kurz stehen und stützt die Hände auf die Knie, um zu verschnaufen. Da hört er es. Vom Bahndamm, der im Wald entlang des Hügels vor ihm verläuft, dringen Geräusche zu ihm herüber. Sind das Schreie? Paul ist sich nicht sicher. Er lenkt seine Schritte in die Richtung, aus denen das schauerliche Heulen kommt. Keuchend arbeitet er sich die Anhöhe hinauf, die erst sanft ansteigt, dann im Wald immer steiler wird. Das Licht wirft helle Flecken auf den moosigen, feuchten Waldboden, der sich weich anfühlt unter seinen Füßen.

Paul sieht den Mann erst, als er direkt vor ihm steht. Er ist so nah, dass Paul nur den Arm auszustrecken bräuchte, um ihn zu berühren. Paul schaut den Mann an. Und der Mann schaut Paul an. Seine Augen zucken wild in dem verwahrlosten Gesicht umher, als hätten sie Mühe, auf Paul zur Ruhe zu kommen. Der Mann atmet schnell und flach, er ist groß und dürr, sein fettiger Bart glänzt rötlich, aus seinem halboffenen Mund lugt ein abgebrochener Zahn. So hat sich Paul immer einen Seeräuber vorgestellt. Jetzt erst bemerkt er die dunklen Flecken auf dem Mantel des Mannes. Der Mantel ist grau. Ein Soldatenmantel.

»Sie bluten.« Paul weiß nicht, woher er den Mut nimmt, der seine Stimme und seinen Körper lenkt.

Er deutet auf die Flecken auf Arm und Brust des Mannes und macht einen Schritt auf den Soldaten zu. Der stiert Paul entgeistert an, als hätte er ihn erst jetzt wirklich wahrgenommen. Plötzlich setzt er sich in Bewegung, mit einem heftigen Stoß wirft er Paul zu Boden und taumelt hangabwärts. Paul hört, wie die Zweige unter den Stiefeln des Soldaten knacken. Verwirrt bleibt er sitzen und blickt dem Mann hinterher, der zwischen den Bäumen verschwindet und dabei murmelt: »Nee, Kinners, nich mit mir. Nich mit mir.«

Als der Mann außer Sicht ist, rappelt sich Paul auf und setzt seinen Weg den Hang hinauf fort. Er kann die Schreie jetzt ganz deutlich hören. Er muss an das Brüllen der Kuh im Stall der Bichlerin denken. Vor ihm türmt sich eine Wand von Brombeersträuchern auf. Paul hat es jetzt eilig, er drückt sich in die dunkelgrüne Mauer, Dornen ziehen an Haaren, Fleisch und Stoff, der Schmerz treibt ihn vorwärts, ein süßlicher Geruch steigt in seine Nase, ein letztes Losreißen und Paul bricht aus dem Wald hinaus ins Helle.

Das Erste, das Paul auffällt, ist das Gelb. Es wogt um ihn herum den Waldrand entlang. Ein weiches, sattes, schier endloses Gelb. Goldrute, geht es Paul durch den Kopf. Der dicke Wast hat ihm das erklärt, als sie oben am Bahnhof gewesen sind, um dessen Opa im Stellwerk zu besuchen. Anschließend sind sie am Waldrand gesessen, in einem sich sanft wiegenden goldenen Meer, und haben zugesehen, wie die Männer an der Viehrampe Kühe in die Waggons getrieben haben. Als Paul aufschaut, glotzt ihn ein schwarzes, rundes Auge an. Es dauert kurz, bis Paul seinen Blick von dem dunklen Loch direkt über ihm abwenden kann. Seine Augen wandern an dem Metallrohr entlang, dass aus dem dunklen Schlund schräg in die Höhe wächst und schließlich in einem Berg aus Stahl mündet. Der Panzer ist halb auf die Seite gekippt, sein Geschützturm hat sich nach unten gedreht, die Kanone starrt wie ein langes Stielauge die Böschung hinab in die Brombeersträucher. Darunter sieht Paul den halb vom Bahndamm gerutschten Waggon, der den Panzer mit dicken Gurten in seiner grotesken Position hält. Paul wendet den Blick nach links. Panzer um

Panzer reihen sich aneinander, bis die in der Morgensonne glänzenden Stahlkolosse hinter einer Biegung aus seinem Blickfeld verschwinden.

Dann dreht Paul seinen Kopf nach rechts. Zuerst sieht er einen Panzer, der kopfüber im Wald liegt. Seine Ketten hängen in der Luft, auf ihnen tanzt Licht, das durch das Laubwerk scheint. Auf der Seite des Panzers steht in krakeliger Schrift etwas geschrieben. Paul braucht einen Moment, um die auf dem Kopf stehenden Buchstaben zu sortieren. »Ronson« steht da. Paul weiß nicht, was das bedeuten soll. Hinter dem Ungetüm zieht sich eine Schneise plattgedrückter Pflanzen und aufgerissener Erde durch den goldenen Saum am Waldrand. Paul muss an die kleinen Blechpanzer denken, mit denen er Jungen in Innsbruck hat spielen sehen. Als hätte ein riesiges Kind sein Spielzeug achtlos in den Wald geworfen, geht es Paul durch den Kopf, als er sich dem Panzer nähert. Vorsichtig streicht er mit der Hand über den warmen Stahl. Wie ein großer Käfer, der auf den Rücken gefallen ist, liegt die gigantische Maschine still zwischen den Sträuchern.

Ein langgezogener Schrei gellt die Gleise entlang. Paul taucht aus dem Schatten des Panzers und arbeitet sich zum Gleisbett hinauf. Über ihm ragt eine große, grüne Lokomotive auf, vor der sich ein Berg aus zersplittertem Holz und verbogenem Eisen auftürmt. Paul muss an einen Pflug denken, der einen großen Haufen Schnee vor sich herschiebt. Der süßliche Geruch ist jetzt so beißend, dass Paul fürchtet, sich übergeben zu müssen. Er muss wieder an den Stall der Bichlerin denken, an das schleimige Gemisch auf dem dreckigen Boden. Auf dem Berg vor ihm klettern Männer, sie rufen, zerren Bretter und Stangen aus dem Gewirr, werfen sie achtlos herab. Ein Brett, aus dem lange, schwarze Nägel hervortreten, landet krachend direkt neben Paul, der vor Schreck zusammenzuckt. Paul rechnet damit, jeden Moment von groben Armen gepackt und angebrüllt zu werden. Aber niemand beachtet ihn. Also macht er einen Schritt nach vorne und direkt hinein in die Verwüstung.

Sein Blick bleibt an einem Rucksack hängen, etwa auf halber Höhe des Schuttberges. Mit seiner Linken Halt suchend, steigt Paul in den Haufen und streckt seine rechte Hand aus. Seine Finger schließen sich um den ledernen Riemen. Erst zieht Paul vorsichtig, dann, als sich nichts rührt, fester. Plötzlich kommen die Trümmer unter seinen Füßen ins Rutschen, seine Finger reißen am Rucksack, er gerät ins Taumeln und schlägt mit dem Rücken auf den Schotter neben den Gleisen. Als er sich stöhnend hochdrückt, fällt sein Blick auf den Rucksack, der neben ihm auf dem Gleisbett in der Sonne liegt. Den Lederriemen hält Paul noch immer in der Hand. Am anderen Schultergurt hängt ein Arm in einem staubigen, grauen Ärmel, sauber abgetrennt über dem Ellbogen. Paul sieht sich selbst von schräg oben im Auto vom Schwarzwieser, neben ihm der dicke Wast. Sein Blick auf das Geschehen ist seltsam unbeteiligt, als wäre er ein Insekt, das zufällig über den rasenden Wagen hinweggleitet. Dann schlagen die Schmerzensschreie, der Blutgeruch und das fieberhafte Durcheinander wie eine Welle über ihm zusammen und er erbricht sich auf die warmen Steine.

✦

Johann kann nicht sicher sagen, wie lang er schon an diesem Ort ist. Die Schreie, das Blut, die Trümmer, all das betrifft ihn nicht. All das dringt nur gedämpft zu ihm, als läge er unter einem dicken Federbett, die Decke über den Kopf gezogen, um ihn herum fließt die Welt zäh und dumpf und kraftlos. Gesichter blitzen auf und verlöschen wieder. Johann steht vor der großen, grünen Lok. Wie ist er hierhergekommen? Er weiß es nicht und es ist auch egal. Baureihe E 94. Das Deutsche Krokodil. Hat kaum einen Kratzer im Vergleich zu den zermalmten Viehwaggons. Nein, Menschenwaggons. Johann kratzt sich an der Nase. Sie juckt. E 94, ja, Kriegsmaschine, hatte Priorität beim Bau. Rund hundertzwanzig Tonnen Dienstgewicht, ein stählerner Koloss. Jemand spricht ihn an, nein, jetzt nicht, Johann muss nachdenken. Kann auf flacher Strecke zweitausend Tonnen ziehen. Ja, das soll ihm erst einmal einer nachmachen, denkt Johann, dreiundvierzig Jahre Eisenbahner, das geht nicht spurlos an dir vorbei, nein, da bleibt was hängen, freilich, interessieren musst du dich schon, aber er hat sich immer interessiert, immer. Johann nickt.

Hier am Waldrand ist es ruhiger. Ja, eigentlich ganz schön. Johanns Blick gleitet über die aufgereihten Körper und bleibt an einem Mann hängen, der ein wenig abseits liegt. Irgendetwas an ihm erregt seine Aufmerksamkeit. Das Bewusstsein wälzt sich in Johanns Kopf wie ein schweres Mühlrad, kaum hat es einen Gedanken ans Licht gehoben, stürzt er schon wieder hinab ins brodelnde Nichts. Die Uniform. Sie ist grün. Alle anderen Körper sind grau. Grau und fleckig und kaputt. Johann tritt näher heran. Aber der hier. Grün. Und irgendwie sauber und frisch. Alles an ihm sieht so ordentlich aus. Die Bügelfalten in der Hose, der Hemdkragen, das Holster mit der Pistole, die Messingknöpfe. Nur die Mütze fehlt. Das Gesicht ist jung und glatt und blass und ja, das ist es, jetzt steigt das Bild hinauf ins Licht, schwebt dort, klar und hell und deutlich, natürlich, Anton, das ruhige Gesicht, jung und glatt und blass, Johann sinkt ins feuchte Gras, sanft nimmt er die leblose Hand, kalt ist sie, kalt und blass wie das Gesicht, über das Johann zärtlich streicht, wie er da liegt, aufgebahrt in der Küche, kalt und blass, und Johanns Hand streicht und tastet und tröstet, im Straßengraben haben sie ihn gefunden, oder war es an den Gleisen, schön, dass er da ist, endlich, ganz ruhig ist es jetzt in Johanns Kopf, das Mühlrad steht still, ja, schön, alles ist im Licht, der Wast, die Ursch, der Anton, hell ist es und warm und schön, auch das Metall in seiner Hand, nur an der Schläfe, da ist es ein bisschen kühl, aber auch schön, ja, der Finger passt gut in den Abzug, das Klicken kratzt noch in Johanns Bewusstsein. Der Knall nicht mehr.

ZEHN WOCHEN ZUVOR

»Was ist eine Kinderfabrik?« Paul kann sich keinen Reim auf die Geschichte vom dicken Wast machen, neben dem er in Richtung Kirche zur Maiandacht schlendert. Sie sind spät dran, haben aber trotzdem keine Lust, sich zu beeilen. Die Erwachsenen sind sicher bereits alle in der Kirche. Am besten schlüpfen sie also hinten beim Seiteneingang hinein, die Tür ist direkt neben dem Aufgang zur Empore. Und dort oben stehen eh nur die Leute, die auch zu spät gekommen sind.

Vom Lebensbornheim in Steinhöring hat Paul gehört, das schon. »Arbeiten dort Kinder?« Paul stellt sich vor, wie Jungen und Mädchen an Werkbänken sitzen und Munition und Waffen für den Führer zusammenschrauben.

Der dicke Wast lacht. »So ein Schmarrn!« Dann wird er verlegen. »Ja, mei, ich weiß auch ned so recht.« Er sucht offenbar nach den richtigen Worten. »Ich glaub, da wohnen Frauen.«

»Frauen? Was für Frauen denn?«

»Junge Frauen, glaub ich. Und vor allem schöne.«

Paul weiß nicht, was er mit dieser Auskunft anfangen soll, und schweigt.

»Die SSler dürfen mit denen Kinder machen.« Der dicke Wast schaut verwundert aus, als er das sagt.

»Warum?«, will Paul wissen.

»Des sollen Kinder für den Führer werden. Stark und gscheit und schön. Drum schauen sich die Doktoren vorher des Blut an von den Frauen. Und auch von den Männern. Damit des zueinander passt.«

Paul kann seinem Freund nicht ganz folgen. »Kinder für den Führer?«

»Ja. Die werden dann weggegeben, wenns noch ganz klein sind. Also die Kinder, mein ich.«

»Und was passiert dann mit denen?«

»So genau weiß ich des auch ned.« Der dicke Wast zuckt ratlos mit den Schultern. Eine Weile lang sagt keiner von beiden etwas.

Schließlich platzt es aus Paul heraus: »Darf man das denn, einfach so ein Kind weggeben?«

»Mei, früher haben viele Frauen die Kinder im Bauch wegmachen lassen, wenns ned verheiratet gewesen sind. Jetzt gebens die Kinder halt dem Führer.« Der dicke Wast schaut betreten zu Boden. Dann fällt ihm etwas ein und er schiebt schnell hinterher: »Des hat mein Opa erzählt.«

»Wegmachen? Wie geht das denn?« Paul wirft dem dicken Wast einen argwöhnischen Blick zu.

Doch bevor der antworten kann, hören sie vom Kirchplatz her aufgeregte Stimmen. Dort steht ein ganzer Pulk Kinder zusammen, alle Köpfe sind über etwas gebeugt, das Paul zwischen all den Bäuchen und Beinen nicht erkennen kann. Als sie herankommen, zupft Paul am Ärmel der Kerschgrubermari, die in der letzten Reihe auf Zehenspitzen steht und den Kopf reckt, um etwas zu sehen.

»Was ist denn da?«, fragt Paul das Mädchen.

»Der Quirin hat eine Handgranaten gfunden«, sagt die Mari über die Schulter und wendet sich wieder der Szene vor ihr zu.

Paul und der dicke Wast schauen sich an. Da streckt sich eine Hand in der Mitte des Haufens in die Höhe. Sie gehört dem Sollermartin. Zwischen dessen Fingern kann Paul den rostigen Stahl der Granate erkennen. Wie ein großes Ei schwebt sie in der Hand vom Martin über den staunenden Kindern. Auf ihrer Spitze sitzt ein Knopf aus Metall, der ein bisschen aussieht wie der Kopf von den Bauernfiguren des hölzernen Schachspiels, das sein Tatta in Innsbruck von einem Fahnenjunker beim Kartenspielen gewonnen hat. Am unteren Ende der Granate baumelt ein vom Rost dunkel verfärbter Ring.

Dass irgendwo Waffen auftauchen, ist keine Seltenheit. Gerade in den letzten Wochen hat Paul immer wieder mitbekommen, wie Karabiner, Munition oder Pistolen gefunden wurden. Auch Uniformen oder abgerissene Abzeichen. Jetzt, wo der Ami nicht mehr weit weg ist, will kein Mann mehr für einen Kämpfer gehalten werden. Paul hatte sich anfangs noch darüber gewundert. Warum sollte man auf einmal kein Kämpfer mehr sein wollen? Für Führer und Vaterland zu kämpfen ist doch die höchste Ehre. Das sagt zumindest der Plöchinger immer. Jedenfalls verstecken die Soldaten ihre Waffen und Uniformen jetzt in Stadeln auf den Feldern, in Ställen und Kellern. Und dort werden sie dann gefunden. Meistens von den Kindern aus dem Dorf, die ja nicht mehr viel zu tun haben, seit die Schule geschlossen ist.

Ehrfürchtig teilt sich die Schar der Kinder jetzt vor dem Sollermartin, der die Granate wie den Leib Christi vor sich herträgt. Sein Blick fällt auf Paul.

»Da schau her. Der Handscheißer steht tapfer in der letzten Reih.«

»Mir sind grad erst kommen.« Der dicke Wast schiebt sich neben Paul.

»Wen haben mir denn da?« Der Sollermartin grinst. »Des Zamperl vom Itaker.« Er dreht sich zu den anderen um. »Der Krüppel und die fette Sau. Wenn des kein schöns Paar is!« Die Kinder lachen. Der Sollermartin wendet sich wieder an Paul und den dicken Wast. »Schau mal, Pongratz. Die Handgranaten schaut aus wie du.« Er hält dem dicken Wast die bauchige Granate unter die Nase.

Paul sieht die Kerschgrubermari, die einem anderen Mädchen ins Ohr flüstert. Beide kichern.

»Zeig mal her.« Der dicke Wast streckt seine Hand nach der Granate aus. Doch der Martin zieht sie aus seiner Reichweite.

»Na, na, na, Pongratz. Des is eine Granaten, keine Handwurscht. Bist sicher, dassd ned reinbeißt, wenn ich sie dir geb?«

Das Gelächter klingelt in Pauls Ohren.

»Aber vielleicht hast ja mehr Schneid als wie dein Spezl?«, fährt der Sollermartin mit einem Seitenblick zu Paul fort. »Der hat seine Mutprobe ned bestanden.«

Die Wut kriecht Paul den Hals hinauf. Dass er den Dolch hat fallen lassen, ärgert ihn immer noch. So war es für den Sollermartin natürlich ein Leichtes zu behaupten, dass er, Paul, gar nicht drin war im Haus der Bichlerin. Und von der Dämonenfratze hat Paul erst gar nichts erzählt. Sie hätten ihn nur ausgelacht. Er ist sich selber nicht mehr sicher, was er gesehen hat und was nicht. Trotzdem spürt er immer noch ein Grausen, wenn er an die langen Zähne und die gelben Augen denkt.

Der Martin streckt dem dicken Wast wieder die Granate hin. »Traust dich, den Zünder zum ziehen?«

Paul sieht, wie der dicke Wast schluckt. Sein Freund starrt die rostige Kugel in der Hand vom Soller an.

»Geh zu, Pongratz, bist doch einer von uns, ha?« Wieder wirft der Martin ein Grinsen zu Paul herüber. »Wennst dich traust, darfst nachher mit zum Röllmoser. Da ersäufens heut einen ganzen Wurf Katzerl.«

Der dicke Wast wirft Paul einen entschuldigenden Blick zu und greift nach der Granate.

Als Paul im Auto sitzt, muss er an den überraschten Gesichtsausdruck auf dem Gesicht vom dicken Wast denken. Da war ein Blitz. Und dann Blut. Und Geschrei. Die Kinder sind in alle Himmelsrichtungen davongelaufen. Auch der Sollermartin. Nur Paul ist dageblieben. Hingekniet hat er sich neben den zerstörten Körper, der da im Dreck gelegen ist. Der eine Arm war nur noch ein fleischiger Stängel, der von der Schulter abgestanden ist. Überall war Blut. Auch im Gesicht vom dicken Wast. Vor allem im Gesicht. Seine Augen waren weit aufgerissen, so als würde er sich wundern über das, was gerade passiert ist.

Jetzt sind die Augen vom dicken Wast geschlossen. Vorne am Lenkrad des Wanderers sitzt der alte Schwarzwieser. Hinten im Fond des Wagens sitzt Paul neben dem dicken Wast, den der Bauer auf eine zerschlissene Wolldecke gelegt hat. Den abgerissenen Arm hält Paul fest auf seinem Schoß. Das Tuch, das notdürftig um den Armstumpf vom dicken Wast gewickelt ist, ist schon ganz dunkel. Still sickern Blut und Leben aus seinem Freund heraus. Kurz nach der Explosion war der Kirchplatz voller Erwachsener, die aus der Kirche geeilt kamen. Und noch bevor jemand hoch zum Bahnhof laufen und den alten Pongratz holen konnte, hatte der Schwarzwieser schon sein Automobil geholt und war mit dem verletzten Kind losgefahren in Richtung Ebersberg, zum Krankenhaus. Paul war in den Wagen gesprungen, er hatte nicht gefragt und niemand hatte ihn zurückgehalten.

Jetzt sitzt er in dem schaukelnden Fahrzeug und betrachtet seinen Freund. Der ist ganz bleich, sein Gesicht ist beinahe weiß, die Augen sind tief in ihre Höhlen gekrochen. Fast wie ein Totenschädel, geht es Paul durch den Kopf. Er muss an das Holztafelgemälde denken, das er zusammen mit seinem Tatta in der großen Wallfahrtskirche in Tuntenhausen gesehen hat. Darauf war ein Skelett, das Paul mit seinem Totenschädel direkt ins Gesicht geschaut und mit einer Armbrust auf sein Herz gezielt hat. Der Tod von Tuntenhausen, hat sein Tatta erklärt. Unter dem grausigen Knochenmann war eine Sanduhr gewesen. Die soll daran erinnern, dass jedermanns Zeit einmal abläuft, hat sein Tatta gesagt. Paul schaut in das fahle Gesicht neben ihm und fragt sich, ob auch die Zeit vom dicken Wast jetzt abgelaufen ist. Bitte nicht, murmelt er, ohne dass ein Ton über seine Lippen kommt. Bitte. Bitte. Bitte. Die Tränen, die ihm über die Wangen strömen, brennen heiß auf seiner Haut.

Als sie am Krankenhaus ankommen, dreht sich der Schwarzwieser um und schaut erst auf den dicken Wast herab, dann auf Paul. Langsam und umständlich öffnet er die Wagentür und hievt seinen massigen Körper nach draußen. Er beugt sich über die beiden Kinder und nimmt Paul sanft den abgerissenen Arm aus der Hand. Dann hebt er Paul behutsam, ja fast zärtlich aus dem Wagen. Paul sieht noch, wie sich der alte Bauer den Janker abstreift und ihn über seinen Freund breitet. Nicht auf sein Gesicht, will er noch sagen, er muss doch schnaufen können. Aber da geben seine Beine nach und der Boden rast auf ihn zu.

✧

Fritz schüttelt den Kopf. Wann war ihm der als völkische Kultur getarnte Stumpfsinn erstmals bewusst geworden? Vielleicht schon auf ihrer ersten Station in Innsbruck. Niemand hatte sie mit offenen Armen willkommen geheißen. Von wegen »heim ins Reich«. Was ist schon Heimat? All die verschlossenen Gesichter, all die offenen Münder, die von Blut und Boden schwadronierten, während die zugehörigen Leiber feist und fett und faul im Kaffeehaus saßen. Es wird besser werden, hatte Fritz bei sich gedacht. Wenn ich erst Arbeit hab. Der Führer braucht Männer, die anpacken. Man wird uns respektieren. Uns, die wir heim ins Reich gekommen sind. Wie man sich täuschen kann.

Draußen beginnt es zu dämmern. Der dunkle Holztisch, an dem Fritz die alte Grafinger Zeitung liest, steht unter dem einzigen Fenster im Haus. Bald wird er die Lampe anzünden müssen. Er hört, wie sich hinter ihm die Tür öffnet. Fritz braucht sich nicht umzudrehen. Er kann den Bub im Raum spüren.

»Hör dir das an.« Fritz liest laut vor: »Nun ist, wie wir illusionsfrei zugeben müssen, auch die Donau, der Strom der Nibelungen, vom Wellenschlag des Krieges umschlungen. Die Donau, der Schutzstrom Bayerns, ist nun auch in unserer unmittelbaren Nähe Kriegsstrom geworden. Bei Donaueschingen und der Hohen Bischofsstadt Regensburg drückt der Feind an die Ufer und will die Kriegsfanfare auch über diese tragen: Hier, wo Attilas Horden in brennende Burgen ihre Giftpfeile jagten, wo Giselher trotz Not und Gefahr seine Laute schlug und Hagen seinen Lohn für Verrat und Mord erhielt.« Fritz lässt die Zeitung sinken. »Giftpfeile, Giselher … was für ein Schmarrn!« Er schnaubt verächtlich. »Was soll das sein? Das letzte Aufbäumen deutscher Dichtkunst?«

Fritz bekommt keine Antwort. Als er sich umdreht, blickt er in ein tränenüberströmtes Gesicht. »Was ist denn los?«, fragt er. Doch der Bub lässt sich nur aufs Bett fallen und vergräbt sein Gesicht in der Wolldecke. Stumme Schluchzer beuteln den dürren Körper. Das Metall des Bettgestells quietscht leise.

Mit der Zeitung in der Hand steht Fritz auf und setzt sich neben seinen Sohn aufs Bett. Er legt ihm seine große, schwere Hand auf den Rücken. Dann beginnt er, dem Bub sanft den Rücken zu kratzen. Er weiß, dass der das mag. Buckelkratzen, wie der Bub es nennt, ist schon immer die einzige Zärtlichkeit gewesen, die nur ihm, dem Vater vorbehalten war. Der einzige Fuß, denkt Fritz, den er in die Tür bekommen hat. In die Tür zur fremden Welt, in der der Bub lebt.

»Warum geht alles immer schlimm aus?« Die Stimme dringt gedämpft durch den Stoff der Decke.

Fritz hält inne. »Was geht schlimm aus?»

»Alles.«

»Hm.« Fritz fährt fort mit dem Buckelkratzen. »Nicht alles geht schlimm aus. Manchmal geht auch was gut aus.«

»Aber woher weiß man, obs schlimm oder gut ausgeht? Woher weiß man, was passiert?«

»Man weiß es nicht. Zumindest nicht vorher.«

»Wie meinst du das?« Pauls verquollenes Gesicht taucht aus der Decke auf und blickt Fritz an.

»Schau.« Fritz löst eine Seite aus der Zeitung, zerknüllt sie in der Hand und legt sie vor Pauls Gesicht auf die Matratze. »Das ist das Leben.«

Paul schaut den Zeitungsknödel verständnislos an.

»Da steht drauf, was das Leben für dich bereithält. Was dir passiert.« Fritz schiebt die zerknüllte Zeitung mit dem Zeigefinger in Richtung von Pauls Nase.

»Aber so kann ich doch gar nicht lesen, was da draufsteht.« Pauls skeptischer Blick flackert zwischen Fritz und der Zeitung hin und her.

»Genau.« Fritz faltet den Papierball ein Stück weit auseinander. »Mit der Zeit, mit jedem Jahr, entfaltet sich dein Leben ein Stück mehr. Und je älter du wirst, desto mehr kannst du in deiner Lebensgeschichte lesen.« Er entknittert das Papier noch weiter. »Verstehst du?«

»Und woher weiß ich, wie die Geschichte ausgeht?«

Fritz faltet die Zeitung vollständig auseinander. »Das weißt du erst ganz am Schluss.«

»Das hilft mir nix.« Paul schaut Fritz an, dann wieder das Zeitungspapier zwischen ihnen. »Ganz schön zerknittertes Leben.«

Fritz lacht. »Ja, ganz schön zerknittertes Leben.«

»Glaubst du, der Mama gehts gut?«

Fritz trifft die Frage unvorbereitet. Er sitzt eine Weile lang schweigend, die Hand immer noch auf Pauls Rücken. Dann antwortet er: »Ich weiß es nicht.«

»Und was glaubst du?«

Fritz lacht auf. Es ist ein freudloses Lachen. »Mit dem Glauben hab ich schon vor einer ganzen Weile aufgehört.«

»Du willst nicht über die Mama reden, gell?«

Fritz nimmt seine Hand vom Rücken des Kindes. »Nein, will ich nicht.« Er stemmt seine Hände auf die Matratze, um sich zu erheben.

»Tatta«, sagt der Bub schnell, als wolle er Fritz davon abhalten, aufzustehen. »Erzählst du mir noch was? Eine Geschichte?«

Fritz zögert.

»Bitte.«

Fritz lässt sich wieder auf das Bett sinken. »Hm. Na gut. Mal überlegen …« Er kratzt sich am Bart. »Weißt du eigentlich, wie die alten Germanen früher Hirsche gejagt haben?«

»Wie denn?« Paul hat die Knie jetzt an seinen Körper gezogen und sich neben Fritz auf dem Bett eingerollt.

»Das war so: Früher, zu der Zeit, als die alten Germanen gelebt haben, hatten die Hirsche noch keine Kniegelenke.«

Paul gibt ein halb ungläubiges, halb belustigtes Geräusch von sich.

»Wenn ichs dir doch sag«, fährt Fritz fort und lässt seinen Blick aus dem Fenster in die Dämmerung schweifen. »Die Beine der Hirsche waren steif wie ein Stock. Und deshalb konnten sie sich auch nicht hinlegen. Ohne Kniegelenke konnten sie ihre Beine nicht anwinkeln. Also haben sie sich nachts ganz einfach zum Schlafen an einen Baum gelehnt. Am liebsten waren ihnen junge, dünne Bäume. Die hatten noch eine glatte Rinde. Die raue Borke der dicken, alten Stämme war nämlich kratzig und unbequem. Und das haben sich die alten Germanen zu Nutze gemacht. Mit ihren Äxten haben sie Kerben in die jungen Schlafbäume der Hirsche geschlagen. Gerade so tief, dass die Bäume nicht umgefallen sind. In der Nacht kamen dann die Hirsche und haben sich an die Bäume gelehnt, um zu schlafen. Natürlich sind die Bäume unter dem Gewicht *der Hirsche umgeknickt. Sie waren ja schon von den Äxten der Germanen geschwächt gewesen. Und so lagen die Hirsche am Waldboden herum und konnten nicht mehr aufstehen. Schließlich hatten sie ja keine Kniegelenke. Und ohne Kniegelenke kann man sich nicht hinlegen und man kann auch nicht aufstehen. Also sind die Germanen am nächsten Morgen seelenruhig durch den Wald spaziert und haben die am Boden liegenden Hirsche eingesammelt.«*

Draußen ist es dunkel geworden. Fritz löst den Blick vom Fenster und schaut auf den Bub hinab. Dessen Augen sind geschlossen. Vorsichtig zieht Fritz die Decke unter dem schlafenden Körper hervor und deckt ihn zu.

✧

Butter hat es schon lange nicht mehr gegeben. Die Neuigkeit hat sich im Dorf verbreitet wie ein Lauffeuer. Schneller als die Nachricht vom heroischen Selbstmord des Führers tief unter der Erde in einer weit entfernten Stadt. Marianne schnappt sich den großen geflochtenen Korb und läuft los zur Viktualienhandlung Leonhard Ampletzer. Erst muss sie aber noch ihrer Tante Bescheid sagen, die ein Stück den Büchsenberg hinauf nahe dem Ortseingang wohnt. Wann hat Marianne das letzte Mal Butter gegessen? Sie geht in Gedanken in der Zeit zurück. Ostern? Nein. Da hatte es sogar an Mehl für den Osterfladen gefehlt. An Josefi? Nein, es muss noch früher gewesen sein.

Marianne ist so in Gedanken versunken, dass sie das aus Richtung Grafing kommende Fahrzeug erst bemerkt, als es kurz vor den ersten Häusern zum Stehen kommt. Es sieht militärisch aus. Irgendwie eckig. Und die Farbe. Nicht grau wie die anderen Fahrzeuge der Wehrmacht. Kurz sieht Marianne die Linsen eines Fernglases in der Sonne aufblitzen. Da entfährt ihr ein spitzer Schrei, sofort hält sie sich die Hand vor den Mund. Einen Herzschlag später jagt sie die Wiese hinab ins Dorf. Der Korb kullert in den Graben neben der Straße.

Mariannes Haare wirbeln um ihr Gesicht, sie hat keine Zeit, kann sie nicht bändigen, ihre Füße fliegen durch das Gras so schnell es ihre Schürze erlaubt, sie darf nicht stehenbleiben, ihre Gedanken rasen. Sie hat gewusst, dass der Tag kommen wird. Alle haben es gewusst. Es war nur eine Frage der Zeit gewesen. Und doch hatte es erst vorgestern wieder eine Auseinandersetzung gegeben im Dorf. Versprengte SSler hatten dem Kirmaierlenz die Pistole ins Gesicht gedrückt und gedroht, sie würden ihn auf der Stelle erschießen, wenn er nicht die weißen Tücher aus den Fenstern nähme.

Nein, wiederholt Marianne in Gedanken. Nein. Nein. Nein. Sie muss an die Holzkreuze auf dem Kirchplatz denken. An die Ursch. Niemand soll mehr sterben. Das Bild vom dicken Wast taucht vor ihrem inneren Auge auf. Wie er da liegt auf dem Kirchplatz. Neben ihm der wimmernde Sohn vom Viechdoktor. Tränen kullern über Mariannes Wangen, sie hat keine Zeit, sie wegzuwischen. Nein, wiederholt Marianne in Gedanken. Nein, sie schreit es.

Marianne stürmt durch das gusseiserne Tor der Friedhofsmauer, scheppernd knallt es gegen die Wand und bleibt offen stehen. Der Kies unter Mariannes Füßen schießt in alle Richtungen, landet auf Gräbern, Gras und vertrockneten Gestecken. Schlitternd bremst sie vor der schweren Eichentür, reißt sie auf, stürzt hinein, reißt eine zweite Tür auf, dann noch eine, hetzt die enge Treppe hinauf, immer zwei Holzstufen auf einmal nehmend, ihr Atem brennt wie Feuer in der Brust, dann ist sie oben. Tauben flattern erschrocken auf, durch schmale Fensteröffnungen hinaus in den klaren Himmel, ein kalter Wind zerzaust Mariannes Haare, sie reißt sich die weiße Schürze herunter, beugt sich aus dem nördlichen Fenster, der Wind packt den Stoff, beinahe reißt er ihn fort, aber Marianne lässt nicht los, sie schreit, sie schwenkt die Schürze, sie schreit, die Sonne steht hoch am Himmel, sie schreit. Sie schreit.

Nicht ein Schuss war gefallen. Marianne steht auf dem Kirchplatz und betrachtet das Schauspiel vor ihr. Mittlerweile hängen an beinahe allen Häusern weiße Betttücher, Tischdecken oder Hemden. Ihre Schürze flat-

tert hoch oben am Turm im Wind. Gerade werden drei müde aussehende Soldaten in zerlumpten Wehrmachtsmänteln zu einem Lastwagen mit offenem Verdeck gebracht. Ihre Hände haben sie über den Köpfen erhoben. So hatten sie schon an der alten Dorflinde gewartet, als der erste Spähwagen der Amerikaner auf den Kirchplatz gerollt war. Es war der Wagen, den Marianne am Dorfeingang gesehen hatte. Der Beifahrer, ein Fernglas um den Hals, hatte Marianne lächelnd zugewinkt. Jetzt stehen noch mehr von den kastenartigen, oben offenen Fahrzeugen auf dem Platz zwischen der Kirche und dem Alten Wirt. Dazwischen ein paar Lastwagen. Und sogar ein Panzer, der rasselnd und schnaufend vor dem Millihaus aufgefahren ist. Dort hockt er jetzt wie ein großes, grünes Raubtier, eine stumme, stählerne Drohung. Überhaupt: dieses Grün. Marianne hat so eine Farbe noch nie gesehen. Es ist ein erdiges Grün, nicht wie das Gras oder das Laub oder die Nadeln von Tannen oder Fichten. Eher gelblich. Warm. Auch die Männer, von denen der Kirchplatz jetzt wimmelt, tragen dieses erdige, gelbliche Grün. Alles an ihnen ist grün. Ihre Hosen, die weit geschnitten sind und manchmal sogar eine Bügelfalte haben. Ihre kugeligen Helme, die mit einem Netz bespannt sind. Und ihre Hemden, aus denen, Marianne ist fassungslos, hin und wieder eine Krawatte hervorlugt. Auf den Jacken prangen große Messingknöpfe, in den Mündern hängen kurze Zigaretten. An den Schultern der fremden Männer baumeln Karabiner. Niemand von ihnen hält es für nötig, sie von dort herunter und in die Hand zu nehmen.

Auf dem Kirchplatz hat sich eine Menschenmenge gebildet. Immer mehr Neugierige wagen sich heran. Erst sind es die Kinder. Dann kommen zögernd Frauen, alte Männer. Junge Männer sieht Marianne kaum unter den Schaulustigen. Alle tot, geht es ihr durch den Kopf. Oder gefangen. Eine ganze Generation. Nein, zwei Generationen. Nur die Frauen sind noch da und die Kinder und die alten Männer.

Einer von ihnen löst sich aus den Umstehenden und bewegt sich unsicher auf einen amerikanischen Soldaten zu, der eine Kappe schief auf den blonden Haaren trägt und das Kommando zu haben scheint. Marianne erkennt den alten Mann sofort. Der Bürgermeister rückt sich höl-

zern den schwarzen Hut zurecht und spricht den Amerikaner an. Marianne mag den Bürgermeister. Sie kann sich erinnern, wie er vor einigen Jahren, 1941 muss das gewesen sein, im Dorf in aller Munde gewesen ist. Gauleiter Wagner hatte erlassen, alle Kruzifixe aus den Schulen zu entfernen. Dienstbeflissen hatte der Plöchinger das Kruzifix im Schulhaus noch am selben Abend abgehängt. Ihr Vater hatte getobt. Warum sollen wir in Russland gegen den Bolschewismus kämpfen, hatte er mit rotem Kopf geschrien, wenn wir uns daheim selber wie die Bolschewisten aufführen? Eine braune Bolschewistensau hatte er den Gauleiter genannt. Natürlich nur in der eigenen Küche. Jedenfalls war der Bürgermeister am Tag darauf in das Klassenzimmer marschiert, während dem Unterricht, in der Hand einen großen Hammer, und hatte das neben dem Ofen auf seine endgültige Beseitigung wartende Kreuz mit ein paar kräftigen Schlägen wieder an die Wand genagelt, ohne dabei auch nur ein Wort zu sagen. Er war schon fast zur Tür hinaus, als der Plöchinger seine Sprache wiedergefunden hatte und protestierte. Da hatte der Bürgermeister auf der Schwelle kehrtgemacht, sich vor dem Lehrer aufgebaut, Nase an Nase, und gesagt, er würde ihn, den Plöchinger, eigenhändig in der Attel ersäufen, wenn das Kruzifix sich auch nur einen Millimeter von da wegbewege, wo es jetzt hänge. Der Erlass musste wenige Wochen später wieder zurückgenommen werden. Zu viele Lehrer, Schulinspektoren und Bürgermeister hatten die Kruzifixe einfach hängen lassen.

Ein paar amerikanische Soldaten stehen um das Kriegerdenkmal herum und mustern den Steinsoldaten. Marianne kann die Skepsis in ihren Gesichtern sehen. Vor dem Alten Wirt haben sich ein paar mutige Burschen unter die fremden Männer gemischt. Lachen dringt zu Marianne herüber. Sie kann sehen, wie die Soldaten kleine Geschenke verteilen, Süßigkeiten offenbar, denn die Dorfjungen reißen schnell das Staniol herunter und beißen in dunkle Blöcke und mehlig aussehende Streifen. Mariannes Blick fällt auf einen uniformierten Mann, dessen Hautfarbe seltsam dunkel ist, ja sich kaum vom Farbton seiner erdigen Uniform abhebt. Er hat seinen Kugelhelm abgenommen, darunter glänzt tiefschwarzes Haar. Er steht an den Panzer gelehnt und beobachtet das Geschehen, während er sich mit geistesabwesender Sorgfalt eine Zigarette dreht.

»Seit der Schlacht von Hohenlinden sind keine auswärtigen Soldaten mehr da bei uns gwesen.«

Marianne dreht sich um. Neben ihr steht der alte Halpersinger und betrachtet kopfschüttelnd das Gewusel.

»Hohenlinden?«, fragt Marianne und zieht die Augenbrauen hoch.

»Achtzehnhundert«, sagt der alte Mann und spuckt einen schleimigen Brocken in den Staub.

Marianne schüttelt den Kopf und wendet sich wieder dem Treiben auf dem Platz zu. Nicht ein Schuss war gefallen.

✧

Leuchtende Bänder steigen wie Feuerpeitschen in den schwarzen Nachthimmel. Otto liegt neben Heinrich auf der Plane und blickt in den Himmel. Heute ist es warm und trocken gewesen und zum ersten Mal haben sie die Plane von ihrem Erdloch genommen. Schon seit Einbruch der Dunkelheit feuern die Amerikaner Leuchtspurmunition in die Luft. Feste muss man feiern, wie sie fallen, geht es Otto durch den Kopf. Hat seine Großmutter immer gesagt. Als die Nachricht von der Kapitulation bis zu Otto durchgedrungen ist, war eine selige Erleichterung durch seinen Körper geflutet. Es fühlt sich immer noch so an, als könne er jeden Moment abheben und hinaufschweben in den Nachthimmel, in den die Maschinengewehre in unregelmäßigen Abständen ihren Feueratem speien.

»Schön, oder?«, sagt Otto, »Beinahe wie ein echtes Feuerwerk.«

Von Heinrich kommt keine Antwort.

»Jetzt kanns nicht mehr lang dauern. Bald haben wir unseren Entlassungsschein in der Tasche und dann gehts ab nach Hause.«

Otto denkt an Ernst und Käthe und wie er zur Gartentür hereinkommt und die beiden sitzen unter dem Holunderstrauch vor dem Kü-

chenfenster und Ernst springt auf und Käthe schlägt die Hand vor den Mund, ja, er will sein Glück in den Himmel schreien, wie glühende Raketen sollen seine Juchzer hinaufschießen und platzen und Ernst und Käthe sollen es sehen, die Farben, die Freude.

Heinrich gibt nur ein abfälliges Brummen von sich.

»Was ist los mit dir, Mann?« Otto wälzt sich auf die Seite. »Der Krieg ist aus.« Er legt Heinrich eine Hand auf die Schulter. »Wir gehn nach Haus.«

»Rabimmel, rabammel, rabumm«, sagt Heinrich.

»Freust du dich denn nicht auf zu Hause?«

Jetzt richtet sich Heinrich halb auf und blickt Otto ins Gesicht. In seiner Stimme schwingt kaum verhohlene Wut.

»Sach ma, Otto, biste echt son Trottel?«

»Was? Warum?«

»Nu, von wegen der Kriech is aus. Jetzt müssen wir innen Osten. Mitm Ami gegen den Russen.« Heinrich lässt sich wieder sinken und starrt in den Himmel hinauf. »Rabimmel, rabammel, rabumm.«

Die letzte Silbe betont er besonders deutlich. Danach herrscht Schweigen. Nur das stoßweise Knattern der MGs ist zu hören.

In dieser Nacht schläft Otto nicht. Da, wo sich der Schlaf auf seiner Brust hätte niederlassen sollen, sitzt jetzt kalt und schwer und schnaufend die Angst.

Die Sonne brennt Otto erbarmungslos in den Nacken. Der Appell dauert nun schon über eine Stunde. Erst gestern war ein Landser aus dem Cage getragen worden, über und über mit Brandblasen bedeckt, groß und dick wie Hühnereier. Beinahe wünscht sich Otto den Schnee und die Kälte zurück. Vor der sengenden Sonne gibt es auf dem freien Feld kein Entkommen. Otto bemerkt, wie eine Laus über den schmutzstarrenden Nacken seines Vordermanns kriecht und in dessen Kragen verschwindet. Der Mann stützt einen ausgemergelten Kameraden, von dem Otto nicht sicher sagen kann, ob er bei Bewusstsein ist oder nicht. Bei genauerem Hinsehen kann er jetzt das träge Gewimmel unzähliger Parasiten im ver-

klebten Haar der beiden Soldaten ausmachen. Wahrscheinlich sieht es auf meinem Kopf nicht anders aus, denkt Otto. Das Kratzen hat er sich bereits vor Tagen abgewöhnt. Hat keinen Zweck.

»Wolln die uns braten oder wat?«, zischt Heinrich neben ihm.

»Dann wär wenigstens mal Fleisch im Eintopf«, gibt Otto zurück. Er muss an die schweren Kübel denken, die von der etwa achthundert Meter entfernten Zentralküche abgeholt und auf verschlammten Pfaden in den Cage geschleppt werden müssen. Bis die Kübel den Käfig erreichen, ist der Inhalt kalt und die paar wenigen nahrhaften Zutaten, die einmal darin gewesen sein mögen, haben sich in Luft aufgelöst.

»Ich weiß ja nich, ob dat mitte Genfer Konvention zusammengeht«, lacht Heinrich freudlos.

Als ob die für uns gelten würde, denkt Otto. Tatsächlich werden die Lagerinsassen von den Amerikanern nicht als Kriegsgefangene gemäß der Genfer Konvention behandelt, sondern als entwaffnete feindliche Kräfte. Also quasi Rechtlose. Aber Otto spart sich den spitzfindigen Hinweis.

»Haste gehört?«

Heinrich rückt ein wenig näher an Otto heran.

»Im SS-Käfich hat sich wieder einer umgebracht.«

Klatsch aus dem SS-Käfig ist Heinrichs Spezialgebiet. Woher er die Geschichten nur immer hat?

»Hat so nen Sturmbannführer sich von nem Kameraden inne Hand lesen lassen. Und der hat gelesen, dat die Frau vom Sturmbannführer mit nem anderen … nu, weißte schon. Und da hat der sich mit ne ollen Blechbüchse hier … «

Heinrich fährt sich mit der rechten Hand über die Pulsadern des linken Unterarms und macht dazu ein ratschendes Geräusch. Otto wirft seinem Freund einen Seitenblick zu. Um Heinrichs Lippen spielt ein boshaftes Lächeln. Otto kennt dieses Seeräubergrinsen. Cage-12-Gesicht nennt Otto es für sich, reserviert für blutige Geschichten aus dem SS-Käfig. Er versucht, sich wieder auf die Läuse im Nacken seines Vordermanns zu konzentrieren und das Stechen der Sonne zu vergessen.

Nach dem Appell bleibt Otto einfach an Ort und Stelle stehen. Er hat kein Ziel, für das es sich die Füße zu heben lohnt. Da tritt ein schwarzer GI an ihn heran. Schweigend steht er da, zieht an seiner Zigarette und mustert Otto. Dann sagt er ruhig:

»Hey, Kraut. You know what day's today?«

Otto schweigt und rührt sich nicht. Der GI scheint keine Antwort zu erwarten.

»You're lucky. It's D-Day.«

Die anderen amerikanischen Soldaten, die in der Nähe stehen und das einseitige Gespräch mitanhören, brechen in Gelächter aus. Der schwarze GI schenkt Otto ein breites Grinsen und schlendert zurück zu seinen Kameraden. Erst jetzt begreift Otto, dass seine Finger sich um etwas krampfen. Er öffnet die Faust und blickt hinab. In seiner Hand liegt ein in Folie verpackter, länglicher Gegenstand. Es dauert kurz, bis Otto klar wird, was er da vor sich hat: einen Ration-D-Riegel. Otto hebt den Blick, seine Lippen beben. Aber der schwarze GI ist schon verschwunden. Dann kramt Otto mit zitternden Fingern das Notizheftchen aus der Innentasche seines Mantels und schlägt es auf der letzten beschriebenen Seite auf, die er mit einem Eselsohr markiert hat. D-Day kritzelt er mit dem Bleistiftstummel hinein, den er sich von einem Landser mit sächsischem Akzent ertauscht hat. Dahinter malt er ein Fragezeichen.

Otto ist wach. Aber er will die Augen nicht öffnen. Draußen, jenseits des vertrauten Erdlochs, jenseits der schützenden Plane, rauscht und murmelt das Lager. Ottos Rücken schmerzt, er spürt sein linkes Bein nicht, dafür aber die Feuchtigkeit in den Stiefeln. Er friert. Die Nässe ist allgegenwärtig. Ihr kann selbst die sengendste Sonne nichts anhaben. Die Stiefel, die Otto Tag und Nacht trägt, sind das letzte Mal bei Zenz und Lies im Wald vollständig trocken gewesen. Dasselbe gilt für seinen schmutzstarrenden Mantel. Tagsüber ist der Stoff dem Regen ausgesetzt, nachts saugt er die Feuchtigkeit der Erde auf. Einmal hat er versucht, den Mantel am Stacheldraht zum Trocknen aufzuhängen. Über den Schmerz, der danach tagelang zwischen seinen Schulterblättern ge-

brannt hat, war er später beinahe froh gewesen. Es hätte schlimmer ausgehen können. Statt ihm einen Hieb mit dem Gewehrkolben zu verpassen, hätte der mausgesichtige GI ihm auch den Mantel abnehmen können. Dann wäre Otto jetzt wahrscheinlich schon tot. Besonders schlimm ist das Aufwachen. Durchgefroren, in klammen Stiefeln und feuchter Uniform, mit steifen Gliedern und tobendem Magen. Otto versucht, so viel wie möglich zu schlafen. Da spürt man den Hunger weniger.

Aber er weiß, dass er jetzt nicht mehr einschlafen wird. Wieder ein neuer Tag in trostloser Eintönigkeit. Die Stimmung, die über dem Lager liegt, ist gleichzeitig stumpf und angespannt, jederzeit kann sie sich in Gewalt entladen. Immer wieder gibt es Streit und Handgreiflichkeiten unter den Gefangenen. Dazu kommt der zermürbende Abwehrkampf gegen die Nässe. Oft steht das Wasser auf der Wiese, so dass Otto die Nächte im Stehen oder Gehen verbringt. In solchen Nächten legt er die Fotografie gar nicht aus der Hand. Im Licht der Scheinwerfer studiert er dann Käthes Gesichtszüge, prägt sich jedes Muttermal ein, jede Lachfalte, folgt mit dem Zeigefinger der Kontur ihrer spitzen Nase, streicht mit dem Daumen über Ernsts Kopf, als könne er das weiche Haar des Jungen tatsächlich spüren.

Plötzlich wird die Plane angehoben, grelles Licht fällt in das feuchte Loch. Otto öffnet widerwillig die Augen und blickt in Heinrichs grinsende Piratenvisage.

»Scheiß Yankee-Hungerlager«, flucht sein Freund und schlägt die Plane so weit zurück, dass die Sonne das ganze Erdloch ausleuchtet. »Halten uns wie Hunde. Wollen wohl, dat wir schnell verrecken, dann hammse keine Arbeit mehr mit uns. Aber nich mit mir.«

Die Verpflegung, oder besser gesagt die kaum vorhandene Verpflegung, ist noch vor der Nässe das Hauptthema unter den Gefangenen im Lager. Sogar Heinrich spricht ähnlich oft vom Essen wie vom Cage 12. Er ist mittlerweile so abgemagert, dass Otto sich fragt, woher sein Freund die Energie nimmt, den ganzen Tag zu quatschen wie ein altes Waschweib. Auch Otto ist dürr geworden. Aber an sich selbst merkt man das nicht so. Das ist einer der Vorteile, wenn man keinen Spiegel hat, denkt Otto und versucht, sein Gesicht vor den hellen Sonnenstrahlen abzuschirmen.

»Nu komm, Otto, du faules Stück.« Heinrich zieht die Plane auf das Gras neben dem Erdloch, in dem Otto sich aufrichtet wie eine Marionette, deren hölzerne Glieder widerwillig zum Leben erwachen. »Guck ma, wat ich mitgebracht hab.«

Heinrich zeigt auf einen blassen, fast durchsichtig aussehenden Jungen, kaum älter als sechzehn. Von seiner linken Wange glotzt ein großer, dunkler und haariger Leberfleck, seine feldgraue Uniform schlackert ihm um die schmalen Schultern. Unsicher steht er neben dem Erdloch.

»Dat is Kalle. Wohnt bei mir zuhause inne Straße. Is gestern in unsern Käfich verlegt worden. Zufälle gibts, die gibts gar nich, wa, Otto?«

Heinrich scheint bester Stimmung und voller Tatendrang zu sein. Er hat die Plane mittlerweile auf dem Boden ausgebreitet und sich im Schneidersitz darauf niedergelassen.

»Nu komm, Junge«, wendet sich Heinrich an Kalle und weist mit der Hand auf die Plane. »Nur nich schüchtern.«

Vorsichtig macht der Junge einen Schritt auf das Ölpapier und setzt sich hin.

»Und jetzt zeich meinem Zimmergenossen ma, waste mitgebracht hast.«

Zögerlich holt Kalle eine hellbraune, rechteckige Kartonschachtel aus seiner Manteltasche, auf die in schwarzer Schrift das Wort »Dinner« gedruckt ist. Otto traut seinen Augen nicht. Das ist eine K-Ration. Eine waschechte K-Ration. Die Amis bekommen drei K-Rationen am Tag, Breakfast, Dinner und Supper. Mit steifen Gliedern klettert Otto aus dem Loch. Heinrich kann es offenbar nicht mehr erwarten. Er nimmt Kalle die Schachtel aus der Hand und öffnet sie.

»Mann, Mann, Mann«, sagt Heinrich, als er die Köstlichkeiten auf der Plane vor sich ausbreitet. Otto sieht konservierten Schmelzkäse, Kekse, vier, nein fünf Karamellen, granulierten Zucker, eine Packung Salz, vier Zigaretten und eine Streichholzschachtel, eine rechteckige Kaugummi-

stange mit der Aufschrift »Wrigley's« und eine Packung mit Pulver, dessen Zweck Otto nicht kennt.

»Traubengeschmack«, sagt Heinrich kopfschüttelnd und reicht seine Feldflasche an Kalle weiter. »Ich glaubs ja nich.«

Otto liegt neben den beiden auf der Plane und lässt sich die Sonne ins Gesicht scheinen. So gut hat er nicht mehr gegessen seit … ja, seit wann eigentlich? Klar, eine Drittelration ist nicht viel. Aber eine willkommene Abwechslung zum üblichen Frühstück, das aus einem harten Eckchen Kommissbrot und einem Fünftelliter wässriger Kaffeebrühe besteht. Mit einem zufriedenen Seufzer lässt sich Heinrich neben Otto auf die Plane sinken und streckt seine langen, dürren Glieder von sich.

»Und jetzt noch ne Nachspeise …«, sagt er und gibt ein wohliges Schmatzen von sich.

Otto greift in seine Manteltasche. Mit traumwandlerischer Sicherheit finden seine Finger ihr Ziel. Er wirft den Gegenstand auf die Plane, genau zwischen Heinrich und Kalle. Heinrich hat den Kopf gedreht und mustert den länglichen Klotz, der da in der Sonne blitzt. Wie von der Tarantel gestochen fährt er auf.

»Mensch, Otto …«

Zum ersten Mal scheinen seinem Seeräuberfreund die Worte zu fehlen. Otto lächelt.

Als Feldration für den Notfall gedacht, kann es der Ration-D-Riegel natürlich nicht mit echter Schokolade aufnehmen.

»Ganz schön zäh«, sagt Kalle kauend.

»Soll ja nur im Notfall gegessen werden«, lacht Heinrich mit vollem Mund.

Otto hat den harten Block dunkelbrauner Schokolade mit einiger Anstrengung zerbröckelt und möglichst gerecht aufgeteilt. Auf einem kleinen Feuer, das Heinrich mit den Streichhölzern und dem Wachskarton angefacht hat, der als Innenverpackung die K-Ration vor Nässe schützt, blubbert in einer Blechbüchse der Kaffee.

»So, und jetzt dat Wichtigste«, sagt Heinrich und fingert drei Zigaretten aus der kleinen Packung. Es sieht zum Schießen aus, wie sich das lange Gerippe auf den Boden kniet, den knochigen Hintern in der Luft, das Gesicht nahe an die Büchse bringt und seine Zigarette an der kleinen Flamme entzündet. Trotzdem tut es Otto ihm nach. Er saugt den Rauch tief ein, fühlt, wie er wärmend seinen Hals hinabzieht, und stößt ihn mit einem Seufzen aus. Kalle sieht unsicher aus. Aber schließlich beugt auch er sich hinab, die Zigarette unbeholfen zwischen den Lippen. Als er wieder auftaucht, glüht nur ein Teil der Zigarettenspitze.

»Feste, Junge«, sagt Heinrich. »Du musst feste ziehen. Sonst gehtse wieder aus.«

Kalle nimmt einen tiefen Zug, Otto kann sehen, wie sich der schmächtige Brustkorb des Jungen hebt.

»So is brav«, sagt Heinrich und nickt.

Auf Kalles Lippen breitet sich ein vorsichtiges Lächeln aus. Dann kippt er ohnmächtig zur Seite. Heinrichs und Ottos Lachen schallt so laut über das Feld, dass sogar der Wachsoldat stehen bleibt, der gerade rauchend seine Runde um den Käfig dreht.

Zusammengekrümmt wie ein Fötus liegt Heinrich in der Grube und ächzt. Die Hände hat er auf den Bauch gepresst.

»Das ist die Ruhr«, sagt Otto, der am Rand des Erdlochs steht und besorgt auf seinen Freund hinabblickt.

»Nu, Dank auch für die Diagnose, Doktor«, presst Heinrich hervor und stöhnt auf.

Die Ruhr hat das Lager fest im Griff. Die Donnerbalken sind durchgehend von grüngesichtigen Landsern besetzt, die dort stundenlang hocken, den blanken Hintern zwischen den beiden mit Kalk bestreuten Holzbalken. Als Otto das undichte Tuch am Eingang des kleinen Sanitätszelts zurückschlägt, dringt ihm ein beißender Gestank in die Nase. Der abgekämpfte Soldat, der in einem anderen Leben einmal Zahnarzt gewesen ist, wendet Otto nur kurz den Kopf zu. Dann fährt er fort, das Bein des Soldaten, der auf einer der beiden Pritschen im Zelt liegt, mit Klosett-

papier zu verbinden. Das Papier ist von kunstvollen roten Mustern gesprenkelt, die sich langsam auffächern. Otto kann nirgends Medizin, Geräte oder echtes Verbandszeug erkennen. Auf dem anderen Feldbett liegt ein weiterer Landser und starrt mit weit aufgerissenen Augen an das Zelttuch über seinem Kopf.

»Was ist mit ihm?«, fragt Otto den Rücken des Zahnarzts.

»Hungerödem, Schnittverletzung am Bein, Ruhr und wer weiß, was noch«, sagt der Doktor, ohne sich umzudrehen.

Eigentlich meint Otto den anderen Mann. Der da so still an die Decke stiert.

»Und der da?«

»Methylalkohol.«

»Methylalkohol?«

Jetzt dreht sich der Arzt zu Otto um. Das Klosettpapier ist aufgebraucht.

»Hat er wohl von einem Russen aus Cage 9 organisiert«, sagt er und breitet eine schmutzige Decke über Brust und Gesicht des Toten. »Müssten den eigentlich schon vor Stunden abgeholt haben.«

Als Otto das Sanitätszelt mit leeren Händen verlässt, plärrt gerade das Lied »Happy Days Are Here Again« aus den beiden großen Lautsprechern, die das Lager seit ein paar Tagen beschallen. Weiter kann unser Leben nicht weg sein von Happy Days, denkt Otto und bahnt sich seinen Weg durch die wie wandelnde Tote ziellos über das sumpfige Feld schlurfenden Männer. Manchmal wird das scheppernde Getöse auch von Durchsagen unterbrochen. Zum Beispiel, wenn die neueste Gefangenenzahl im Lager bekanntgegeben wird. Otto glaubt, letztens die Zahl Neunzigtausend gehört zu haben. Aber ganz sicher ist er sich nicht mehr. Es ist, als ob sein Gedächtnis immer löchriger wird, Gedanken, Erinnerungen, alles tropft langsam aus ihm heraus und versickert im stumpfen Nichts.

Otto ärgert sich über den Lagerrundfunk. Jeden Abend spielt er ein Schlaflied. Zum Beispiel »Guten Abend, gute Nacht« oder »Schlaf, mein

Prinzchen, schlaf ein«. Meinen die Amis das ernst oder ist es einfach eine besonders niederträchtige Demütigung? Jetzt dröhnt das Lied »Lass mich heute Abend nicht allein« aus den Lautsprechern, die in so großem Abstand voneinander stehen, dass der Ton zeitversetzt in Ottos Käfig ankommt und das schlechte Signal zusätzlich verzerrt. Wir sind nie allein, denkt Otto wütend, wie gern wären wir nur eine Stunde lang allein! Nur einmal, da hat der Lagerrundfunk den Kabarettisten Werner Finck gespielt. Der hat Otto gut gefallen, ihm hätte er stundenlang zuhören können. Als der letzte Ton verklingt, meldet sich eine knisternde Stimme über die Lautsprecher.

»Alle Personen, die nicht weiter als hundert Kilometer von Bad Aibling entfernt wohnhaft sind, melden sich umgehend bei der Kommandantur.«

Otto ist stehen geblieben. Um ihn herum scheint das Lager den Atem anzuhalten. Dann wiederholt die Stimme ihre Durchsage. Jetzt breitet sich Unruhe unter den Männern aus. Otto eilt zurück zum Erdloch, so schnell er kann. Dazu muss er sich einen Weg durch die Menge bahnen, die sich jetzt in Richtung des inneren Stacheldrahts schiebt. Er zwängt und drängt und drückt, kassiert Beleidigungen und Stöße, aber schließlich hat er es geschafft, schwer atmend beugt er sich zu Heinrich hinab.

»Hast du's gehört?«, keucht er. »Es geht los. Sie entlassen die ersten Gefangenen.«

Stöhnend wälzt sich Heinrich herum.

»Wers glaubt.«

»Doch, doch. Die Amis sind überfordert. Die müssen Leute loswerden«, beteuert Otto. »Sonst wächst ihnen das Lager über den Kopf. Die schicken die Leute nach Hause.«

»Nee, die gehen zum Franzmann«, sagt Heinrich, der sich auf einen Ellenbogen gestützt hat und zu Otto hinaufblinzelt. »Löcher zuschaufeln, bisse alt und schwatt sind.«

Otto kennt die Gerüchte. Und tatsächlich werden immer wieder Gefangene auf Züge verladen, die das Lager mit dem Ziel Frankreich verlassen. Was genau die Männer dort erwartet, weiß keiner so genau.

Wahrscheinlich kein warmes Willkommen und die Freiheit. Ganz anders war es bei dem Zug, der vor ein paar Tagen ins Lager gerollt war. Dass es für die rund zweihundert Wlassow-Soldaten – Rumänen, Ukrainer und Russen, die auf deutscher Seite gekämpft hatten – in die Sowjetunion ging, war unschwer zu erraten. Ebenso das Schicksal, das am Ziel auf sie wartete.

»Hilf mir mal raus, muss aufn Balken.«

Otto ergreift Heinrichs kleine Hand und zieht ihn aus dem Loch. Es geht nicht besonders schwer.

»Bin wohl doch noch nich leergeschissen«, sagt Heinrich und gibt ein Schnauben von sich.

»Ich bring dich«, sagt Otto und hält ihm den Arm hin.

Heinrich stützt sich auf Ottos Unterarm und so wackeln beide in Richtung Latrine.

»Wie Braut und Bräutigam aufm Weech zum Altar«, sagt Heinrich.

»Lass mal«, gibt Otto zurück, »bin schon vergeben.«

In dem Moment entsteht ein Aufruhr am äußeren Zaun. Dort stehen ein paar Frauen, wahrscheinlich aus Bad Aibling oder den umliegenden Dörfern, und werfen etwas über den Stacheldraht. Die Männer im Käfig schreien, sie stoßen sich gegenseitig in den Dreck, reißen sich die Beute gegenseitig aus den Händen. Die Wachsoldaten schauen rauchend zu.

»Das ist Brot«, sagt Otto ungläubig. »Die werfen Brot über den Zaun.«

»Auf wat warteste noch?«, sagt Heinrich. »Werd schon nich reinfallen inne Scheiße.«

Als Otto zögert, macht sich Heinrich von seinem Arm los und schleppt sich allein weiter in Richtung Donnerbalken.

»Lauf, du faules Stück«, ruft Heinrich über die Schulter und fügt mit einem schwachen Grinsen hinzu: »Und wehe, du kommst ohne wat zu essen heim, Liebes!«

Da. Da liegt ein Fetzen Brot. Halb in den Dreck getreten. Muss jemand im Tumult verloren haben. Um Otto herum wälzen sich die Männer im Schlamm, schreiend, hauend, beißend. Otto sieht sogar einen alten

Landser auf dem Boden liegen, der sich selig einen Brocken Brot in den Mund stopft, während zwei Kameraden auf ihn einprügeln. Schnell bückt sich Otto nach dem Kanten, doch da wird er zur Seite gestoßen. Er sieht noch, wie ein fremder Soldat in langem Mantel nach dem Brot greift, die gierigen Augen auf seine Beute geheftet. Otto wälzt sich herum, kommt auf die Beine und stürzt sich mit einem kehligen Laut auf den anderen. Sie geraten ins Straucheln, ein Knäuel aus Fleisch und Dreck, Otto kommt auf seinem Widersacher zu liegen, er fährt ihm mit der Hand an die Gurgel, die andere Hand hoch erhoben zum Schlag, unter ihm vor Schreck aufgerissene Augen in einem schmutzigen Gesicht. In diesem Moment weiß Otto, dass er für den Kanten Brot töten würde. Die Angst vor sich selbst durchzuckt ihn wie ein Stromstoß und raubt seinen Muskeln alle Kraft. Er lässt seinen Arm sinken und rollt von seinem Gegner, der die Gelegenheit nutzt und samt Brot das Weite sucht. Schwer atmend liegt Otto im Morast neben dem Stacheldraht.

»Das Fressen kommt vor der Moral.«

Otto blinzelt. Auf der anderen Seite des Zauns, keinen Meter von ihm entfernt, steht ein Mann. Er trägt Schirmmütze und Schnurrbart und hält – Otto richtet sich auf, um sicherzugehen, dass er richtig gesehen hat – ein Fahrrad.

»Brecht«, sagt der Mann, als wäre damit alles geklärt.

Jetzt legt er das Fahrrad ins Gras, geht in die Hocke und streckt vorsichtig eine Hand durch den Stacheldraht.

»Loy mein Name«, sagt er, »Justus Loy aus Eschwege.«

Verwirrt ergreift Otto die ihm dargebotene Hand und schüttelt sie matt.

»Otto«, sagt er, »Otto Kawurek.«

»Angenehm«, sagt der Mann, der sich als Justus Loy aus Eschwege vorgestellt hat und immer noch in der Hocke vor Otto sitzt, einen Meter entfernt und doch in einer anderen Welt.

»Wissen Sie, ich suche meinen Bruder. Severin Loy. Kennen Sie ihn?«

Otto schüttelt den Kopf.

»In seiner letzten Nachricht schreibt er, dass er hier in Bad Aibling sei, in Kriegsgefangenschaft.«

Der Mann lässt seinen Blick über das Lager schweifen. Jetzt erst findet Otto seine Sprache wieder.

»Sind Sie damit gekommen?« Er zeigt auf das im Gras liegende Fahrrad. »Ich meine, den ganzen Weg?«

Der Mann schaut auf das Fahrrad und lacht.

»Ja, fünfhundert Kilometer.«

Otto hat sich mittlerweile aufgerappelt.

»Wie heißt ihr Bruder noch mal?«

»Loy. Severin.«

Otto kratzt sich am Kopf.

»Noch nie gehört.«

»Sagen Sie, würden Sie sich für mich umhören da drin?«

Der Mann hat sich nun auch erhoben und steht Otto auf Augenhöhe gegenüber, zwischen ihnen ist nur der Draht. Als Otto nicht sofort antwortet, zieht Justus Loy eine kleine Schachtel aus der Jackentasche.

»Zu Essen hab ich leider nichts. Aber die hier kann ich ihnen geben.«

Er reicht die Schachtel durch den Zaun. Sechs Zigaretten befinden sich in ihr.

»Selbe Stelle? Bei Einbruch der Dunkelheit?«

Otto nickt.

Als Otto am Abend wieder an den Zaun tritt, wartet Loy schon auf ihn.

»Und?«

Otto schüttelt den Kopf. Er kann die Enttäuschung auf der Miene seines Gegenübers auch in der aufziehenden Nacht mehr als deutlich erkennen.

»Tut mir leid. Vielleicht ist er auf der anderen Seite vom Lager, in einem von den hinteren Käfigen.« Otto steckt die Schachtel mit den Zigaretten durch den Zaun. »Zwei hab ich genommen«, sagt er entschuldigend.

»Schon gut«, sagt Loy niedergeschlagen und schaut zu Boden. »Behalten Sie's. Für Ihre Mühe.«

Damit dreht sich Justus Loy um und verschwindet in der Dunkelheit. Das letzte Mal sieht Otto, er hebt gerade mit einem Arbeitskommando eine neue Latrinengrube am äußeren Zaun aus, den Mann vier Tage später und um viele Jahre gealtert am Zaun entlangstreichen.

17. JULI 1945

Der Knall wird von Felsen, Bäumen und Waggons hin und her geworfen und hallt noch lange in den Ohren. Paul kann erst nicht ausmachen, wo der Schuss abgefeuert wurde. Dann sieht er die Aufregung drüben am Waldrand beim Bahnwärterhäuschen. Männer knien am Boden, Rufe schallen herüber, ein Mann mit dichtem, schwarzem Haar hastet über die Trümmer und geht neben den anderen auf die Knie. Tatta! Paul hält die Luft an. Er hatte es gewusst. Als der schwarzgesichtige Soldat ihn nach dem Unfall gefragt hatte, war Paul sicher gewesen, dass er dort, am Ort des Unfalls, seinen Tatta finden würde. Er hatte es gewusst. Und da hockt er jetzt, sein Tatta, und beugt sich über eine am Boden liegende Gestalt. Im Schatten der Bäume nähert sich Paul dem Geschehen. Er klettert einen moosbewachsenen Felsblock hinauf, unter dem ein kleines Bächlein leise hinunter zum Bahndamm gurgelt. Von hier hat er einen guten Blick auf die Männer. Und auf den Körper, der zwischen ihnen liegt. Paul erkennt die blaue Eisenbahneruniform mit den Messingknöpfen. Er erkennt auch das Gesicht. Es gehört dem Opa vom dicken Wast.

Paul spürt den sonnenwarmen Schotter unter seinen Füßen. Seine Schuhe hat er schon vor einer Weile ausgezogen. Warum, das hat er vergessen. Wie im Traum bewegt sich Paul durch die Trümmerlandschaft. Niemand schert sich um ihn, niemand spricht ihn an, niemand schickt ihn weg. Ein paar Meter weiter machen sich Männer mit einem Schweißgerät an einem verkeilten Waggon zu schaffen. Grelle Funken wirbeln durch grelles Sonnenlicht. Entrückt sieht Paul dem Spiel der Lichter zu. Da hört er eine Stimme, die ihm bekannt vorkommt.

»Schau, dassd weiterkommst, du Grattler!«

Paul sieht die junge Schwarzwieserin mit einem Stück Holz auf einen Mann in feldgrauer Jacke eindreschen, der vor ihr am Boden hockt und seinen Kopf mit den Armen zu schützen versucht.

»Sauhund! Des sind deine Kameraden!«, brüllt Marianne mit hochrotem Kopf und lässt das Holz niedersausen. Mit einem trockenen Knacken bricht es am Unterarm des Soldaten, der die Gelegenheit nutzt, aufspringt und der jungen Frau einen Schlag ins Gesicht versetzt. Als die Schwarzwiesertochter zu Boden geht, ist der Mann bereits zwischen zwei Waggons verschwunden. Mit ein paar großen Sätzen ist Paul bei Marianne, die sich gerade aufrappelt und ihre Wange betastet.

»Bist du verletzt?«, fragt Paul und hält ihr die Hand hin.

Die junge Schwarzwieserin blickt auf. Falls sie sich darüber wundert, Paul hier zu sehen, behält sie es für sich. Sie schüttelt den Kopf und ergreift seine Hand.

»Die Toten aussackeln …« Ungläubig schüttelt Marianne den Kopf.

Paul sieht, wie sich ihre Brust in schnellen Atemzügen hebt und senkt. Dann bemerkt Paul die Leiche. Der Mann liegt mit dem Gesicht nach unten im Gras, sein Körper ist seltsam verdreht. Verletzungen oder Blut kann Paul nicht erkennen.

»Die eignen Kameraden …« Marianne wischt sich über das Gesicht, dann spuckt sie in die Richtung aus, in die sich der Mann davongemacht hat.

»Was machst du hier?«, will Paul wissen und hofft gleichzeitig, dass ihn Marianne nicht dasselbe fragt.

»Helfen. Was sonst?«, entgegnet die junge Frau forsch und mustert Paul. »Und du?«

Es kommt Paul so vor, als würden ihre zusammengekniffenen Augen direkt in sein Hirn hineinschauen. Er zuckt mit den Schultern.

»Dann hilfst jetzt mir.«

Paul nickt. Ihrem Ton nach zu urteilen, hätte die Schwarzwieserin auch nichts anderes durchgehen lassen.

»Du traust dich doch zu den Toten, oder?« Marianne deutet mit dem Kopf hinüber zum Waldrand, wo eine lange Reihe mit gelblichen Militärdecken zugedeckter Körper liegt.

Paul erscheint es besser, der wütenden Frau nicht zu widersprechen. Also nickt er wieder.

»Gut. Bei denen, wo ich's hab finden können, hab ich des Sach danebenglegt.« Sie reicht Paul einen Notizblock und einen Bleistift. »Schau alles durch und schreibs da rein. Alles. Verstanden? Und drüber schreibst die Nummer von der Erkennungsmarkn.«

Paul schaut Marianne verständnislos an.

»Die Markn liegen auf den Deckn.« Marianne überlegt kurz. »Zumindest bei den meisten.«

Paul rührt sich immer noch nicht vom Fleck. In seiner Hand hält er den Notizblock und den Stift.

»Du kannst doch schreiben, oder?«, fragt die junge Frau misstrauisch.

Paul nickt, dann macht er sich auf den Weg.

»Und wehe, ich erwisch dich, dassd auch nur einen Pfenning einsteckst!«, brüllt ihm die Schwarzwiesertochter hinterher.

Geldbörse mit Trauring, zweiundzwanzig Reichsmark. Der Stift kratzt über das Papier. Taschenmesser. Zigarettenetui aus Holz. Das Geräusch hat etwas Beruhigendes. Armbanduhr, kaputt. Fotografie. Paul dreht das Schwarzweiß-Bild ins Licht, um besser sehen zu können. Darauf ist ein Mann mit dunklem Haar neben einer jungen blonden Frau zu sehen. Im Hintergrund kann Paul einen See erkennen. »Unser wunderschöner Hochzeitstag, 17. August 1944« steht auf der Rückseite. Paul legt das Foto vorsichtig ins Gras zu den anderen Sachen aus dem Rucksack. Er hat sich ein paar Meter die Böschung hinauf zwischen den Bäumen niedergelassen. Hier oben ist der Verwesungsgeruch erträglicher als direkt bei den Leichen. Zu welchem Toten der Rucksack gehört, das hat sich Paul gemerkt. »1503 1.Battr.Flak.Ers.Abt.11« hat er oben auf die Seite notiert. Dann hat er die Marke wieder auf die Decke gelegt. Unter die Decke hat er nicht geschaut.

Entlassungsschreiben. Soldbuch. Büchse Fleisch. Butterdose. Fünf Fotografien. Darauf sind eine alte Frau, eine junge Frau, eine Frau mit Mädchen, das Mädchen noch mal allein, eine Frau am Fenster eines Hauses. Postsparbuch. Geldbörse. Darin ein Zettel: »Uebigan 17.2.45: Bescheinigung. Der Gren. Valentin Klepp ist am 14.2.45 im Teillaz. Uebig. ohne Soldbuch eingeliefert worden. Selbiges ist beim Terrorangriff verbrannt. Unterschrift: Oberstabsarzt u. Abt. Arzt«. Beutel Tabak. 1 Paar Schuhsohlen. Hamsterfell. Brotbeutel. Paul weiß nicht, wie viele Rucksäcke und Tornister er schon durchsucht hat. Die Reihe der Körper wird immer länger. Zu manchen gehört ein Rucksack, zu manchen nicht. Dass unter den Decken Menschen liegen, tote Menschen, die vor Kurzem noch gelebt haben, daran denkt Paul fast gar nicht mehr.

Paul zieht einen Stenogrammblock aus dem Stoffbeutel vor ihm. Darin sind Sprachübungen. Paul vermutet, dass es sich bei den fremden Buchstabenreihen, die da zwischen den bekannten Wörtern stehen, um Englisch handelt. Als nächstes hangelt er einen roten Taschenkalender aus dem Jahr 1944 aus der Tiefe des Beutels. Auf der ersten Seite ist ein kleines Foto von einer schönen, jungen Frau eingeklebt. Die Bildunterschrift lautet: »Nimmst du dieses Büchlein mal zur Hand, dann denk auch mal ins Dirsten-Land. Hilde.« Es folgen ein katholisches Militär-Gebets- und Gesangsbuch, zwei Scheine der Deutschen Reichslotterie und ein Buch mit dem Titel »Der Fall Robert Robertson«.

Schlüsselbund. Tasche mit Rasierzeug. Wehrpass. Geburtsanzeige für einen Gerd-Hellmuth, geboren am 14. Januar 1945. Marschdecke. Brieftasche. Paul zählt 17 Reichsmark und einen fremdländischen Geldschein, auf dem »10 Lire« steht. Wachstuchtasche mit Briefpapier. Zwischen den Seiten ist eine nicht abgesandte Postkarte an Gustav Blum, Osterrath-Krefeld, Viehgasse 3. Vorsichtig steckt Paul die Karte wieder zwischen das Papier und schließt die Riemen des grauen Rucksacks.

Als Paul die Böschung hinabgeht, zögert er: Wo hat er den Rucksack noch einmal weggenommen? Die Toten sehen alle gleich aus mit den Decken über Gesicht und Rumpf. Längliche Bündel mit sanften Erhebungen am Kopfende, die Stiefel schauen unten heraus. Manchmal lugt auch eine Hand oder ein ganzer Arm unter den Decken hervor. Bei einem Bündel fehlt die Erhebung am Kopfende, die Decke fällt oberhalb des Rumpfs auf den Boden. Paul sucht nach der Erkennungsnummer über seinem Eintrag. Er findet keine. Offenbar hat er vergessen, sie aufzuschreiben, als er sich den Rucksack geholt und zu seinem Arbeitsplatz am Waldrand zurückgezogen hat. Er stellt den Rucksack ins Gras neben einen Körper in der Mitte der Reihe und beugt sich über die Decke. Ein Schwarm grünlich schillernder Fliegen steigt auf und summt um Pauls Gesicht. Der Gestank raubt ihm fast die Sinne. »Gen. Kp.Pi.EuA.Batl. 263 84« notiert er über seinen letzten Eintrag.

✦

Das Brüllen des Motors und Rasseln der Ketten hallt von den Bäumen und Waggons wider. Mit seiner an der Front angebrachten Schaufel schiebt der Sherman-Panzer geborstenes Holz und Eisenteile vom Bahndamm. Es knirscht und kracht, als würde er einen Haufen trockene Knochen zermahlen. Das Schreien ist mittlerweile verstummt. Nur hier und da hört man noch das Gewimmer der Verletzten. Gierig saugt Fritz den beißenden Dieselgeruch ein, der zu ihm herüberweht. Der Verwesungsgestank, der sich wie ein Leichentuch über den Wald gelegt hat, macht es schwer, sich zu konzentrieren. Ebenso das Bild des toten Aßlinger Bahnhofsvorstehers, das irgendwo im Niemandsland zwischen Augen und Hirn in Fritz' Kopf hängt und dort wie eine unverriegelte Tür im Wind in unberechenbaren Abständen gegen sein Bewusstsein schlägt. Er wischt sich den Schweiß von der Stirn. Sein nasses Hemd klebt ihm am Körper. Es ist drückend heiß.

Fritz hat mitbekommen, dass es sich bei den ersten Lastwagen, die noch in der Nacht an der Unfallstelle eingetroffen sind, um ein motorisiertes technisches Bataillon der Wehrmacht handelt. Von den Amerikanern für Instandsetzungsarbeiten an der Eisenbahnstrecke zwischen München und Rosenheim vorgesehen, ist es in Lorenzenberg und auf den umliegenden Höfen untergebracht. Mittlerweile sind aber auch zahlreiche Amerikaner vor Ort. Fritz sieht einen von ihnen mit einem Fotoapparat durch die Trümmer waten. Um seinen Tisch herum herrscht rege Betriebsamkeit: Männer eilen zwischen den Waggons hin und her, Lastwagen halten am Bahnwärterhäuschen und fahren wieder ab. Stumm arbeiten deutsche und amerikanische Soldaten Seite an Seite, heben Verletzte auf Ladeflächen oder die eilig herbeigekarrten Biertische, räumen Trümmer beiseite oder entwinden den zerstörten Waggons weitere Opfer. Der Strom zermalmter Körper scheint kein Ende zu nehmen. Leben steckt in keinem mehr. Mit den Schreien ist nach und nach auch die Hoffnung erloschen, noch lebende Soldaten aus den Trümmerhaufen zu bergen.

Mit den Amerikanern ist auch Sanitätspersonal eingetroffen. Am Bahnwärterhäuschen kümmern sich eine Sanitätskolonne aus Rosenheim sowie Ärzte aus dem Reservelazarett in Oberelkofen um die Verletzten. Zum ersten Mal seit seiner Ankunft am Bahndamm hält Fritz inne, um zu verschnaufen. Er betrachtet die Holzplatte vor sich, die sich mittlerweile schwarz gefärbt hat. Unter dem Tisch trocknen Fleischklumpen auf dem sonnenwarmen Schotter zwischen den Bahnschwellen. Fritz schaut sich um. Er erkennt den alten Schlesak. Der Arzt aus Ostermünchen beugt sich mit einem amerikanischen Sanitäter über einen leblosen Körper am Waldrand. Ein paar Wortfetzen dringen zu Fritz herüber. »Kirchseeon« hört er. Und »Militärhospital«. Als sich der Schlesak aufrichtet, treffen sich ihre Blicke. Der alte Doktor nickt Fritz zu.

»Marra!«

Fritz wird aus seinen Gedanken gerissen. Vor ihm steht eine junge Frau. Das rotbraune Haar klebt an ihrer nassen Stirn, auf ihrem Kleid sind Flecken getrockneten Bluts. Erst auf dem zweiten Blick erkennt Fritz die Schwarzwiesertochter.

»Da hinten is noch einer.« Marianne zeigt die Böschung hinauf zum Wald, dann marschiert sie los, ohne eine Antwort abzuwarten. Sie bewegt sich zielstrebig und mit einer Geschwindigkeit, die so gar nicht zu ihrem abgekämpften Äußeren passen will.

Fritz folgt ihr zwischen die Bäume. Als seine Augen sich an das Zwielicht gewöhnt haben, erkennt er einen Mann, der mit dem Rücken an eine Fichte gelehnt auf dem Waldboden sitzt. Er trägt einen feldgrauen Mantel, der viel zu dick ist für diese Temperaturen. Seine dunkelblonden Haare sehen erstaunlich ordentlich aus. Fritz bemerkt die helle Stelle am Stoff des linken Oberarms, wo das Abzeichen aufgenäht gewesen sein muss. Sein Brustkorb hebt und senkt sich langsam, seine Augen sind geschlossen. Er sieht aus wie ein Wanderer, der sich zur Rast niedergelassen hat.

»Hab ihn grad erst gfunden.« Die junge Schwarzwieserin steht neben Fritz. Beide blicken auf den Soldaten hinab. »Is bisher keinem aufgfallen, da heroben.«

Fritz geht in die Hocke und mustert den Mann. Ende zwanzig, schätzt Fritz. Schlank, mittelgroß, jungenhaftes Gesicht. Keine sichtbaren Verletzungen.

»Hören Sie mich?«

Fritz spricht mit lauter, fester Stimme. Keine Reaktion. Fritz fasst den Mann bei der Schulter und rüttelt ihn sanft.

»Können Sie mich hören?«

Der Mann öffnet die Augen. Sein Blick gleitet erst über Marianne und dann zu Fritz.

»Sind Sie verletzt?«

Der Mann antwortet nicht.

»Können Sie aufstehen?«

Nach ein paar Sekunden schüttelt der Mann langsam den Kopf. Fritz und Marianne werfen sich einen Blick zu.

Fritz erhebt sich. »Nimm seine Beine.« Die junge Frau gehorcht. Fritz packt den Mann unter den Achseln. Da entfährt dem Soldaten ein schmerzerfülltes Stöhnen. Erschrocken lässt Marianne seine Beine los, die schlaff zu Boden fallen. Der Mann schreit auf. Behutsam lehnt Fritz den Oberkörper des Soldaten wieder an den Baum.

»Was hat er?« Jetzt ist es Marianne, die vor dem Verletzten in die Hocke gegangen ist und aufmerksam sein Gesicht betrachtet, als könnte sie darin eine Antwort ablesen.

»Ich weiß es nicht.« Fritz reibt sich den Bart. »Mal schauen.« Er kniet sich neben den Mann auf den weichen Waldboden und beginnt, seine Jacke aufzuknöpfen. Als er den Oberkörper aus der Uniform schält, ächzt der Soldat mit zusammengebissenen Zähnen.

Fritz dreht sich zu Marianne um. »Unten am Tisch liegen die Messer.« Marianne erwidert den Blick aus zusammengekniffenen Augen und rührt sich nicht von der Stelle. »Na los, Mädchen. Lauf.« Langsam erhebt sich die Schwarzwieserin, dann ist Fritz mit dem Verletzten allein.

»Können Sie sprechen?«

Der Mann öffnet die Augen. Es scheint ihm große Mühe zu bereiten. Er blickt Fritz direkt ins Gesicht.

»Wie heißen Sie?«, fragt Fritz weiter. Besser er bleibt mir bei Bewusstsein.

Der Mann bewegt die Lippen. Sie sind trocken und rissig. »Kawurek.« Obwohl sie rau und schwach ist, klingt seine Stimme jung. »Otto.«

»Wo haben Sie Schmerzen, Otto?«

Der Mann deutet wieder ein Kopfschütteln an. »Ich … weiß nicht.«

»Wie sind Sie hier rauf gekommen?«

Otto scheint kurz nachzudenken. Dann sagt er: »Heinrich.«

In Fritz' Ohren klingt es wie eine Frage. Da hört Fritz das Knacken von Zweigen. Hinter ihm nähern sich Schritte.

»Da«, sagt Marianne und reicht ihm ein Messer.

Das zweite Messer behält sie in der Hand. Fritz schaut erst das Messer an, dann die Schwarzwieserin. Schließlich zuckt er mit den Schultern.

»Ich schneid das Hemd auf, du die Hose.« Fritz deutet auf Ottos Beine. »Aber sei vorsichtig.«

Zur Antwort bekommt er ein trotziges Schnauben. Für eine Weile ist nur das Geräusch zu hören, mit dem der dicke Stoff auf den Klingen reißt. Die Laute vom Bahndamm scheinen nur gedämpft zu ihnen zu dringen. Als wären Fritz und Marianne nicht in den Wald, sondern ins Wasser eingetaucht. In eine schattige und dumpfe Welt, die anderen Gesetzen gehorcht als die grelle Wirklichkeit unten an den Gleisen. Plötzlich hört Fritz, wie Marianne scharf die Luft zwischen den Zähnen einsaugt. Sie hat innegehalten.

»Was ist?«, fragt Fritz, ohne seine Arbeit zu unterbrechen.

Marianne deutet auf Ottos rechtes Bein. Durch das Fleisch seines Unterschenkels hat sich ein Knochen gebohrt. Im schummrigen Zwielicht zwischen den Bäumen leuchtet er unnatürlich weiß.

»Das bringt ihn nicht um.«

Fritz trennt die letzten Nähte der Feldbluse auf. Es dauert nicht lange, da haben sie den größten Teil der Uniform von Ottos Körper entfernt. Fritz lässt seinen Blick über den ausgemergelten Leib gleiten. Der Brustkorb, die linke Hüfte und der linke Oberschenkel sind bedeckt von großen Blutergüssen, tiefschwarz schimmern sie auf der bleichen Haut.

»Hm«, sagt Fritz und streicht sich über den Bart.

✦

Otto studiert das Gesicht, das vor ihm schwebt. Es ist ein wildes, zerschundenes Gesicht. Lockige, schwarze Haare, ein dichter Bart, dunkle Augen, dunkel wie die vom Waldhund. Ach ja, richtig, er muss weiter, muss einen Hund besorgen. Für den Jungen. Für Ernst. Jetzt aber los. Wie lange er hier wohl gesessen ist? Otto steht auf, nein, er sitzt immer noch, warum sitzt er da noch herum, er darf jetzt keine Zeit verlieren. Im wilden Gesicht vor ihm bewegen sich die Lippen, es spricht, spricht es mit ihm? Otto muss sich konzentrieren.

»Nicht bewegen, Otto.«

Warum? Warum soll er sich nicht bewegen? Er muss doch weiter. Er muss zum Zug. Da unten steht er und wartet auf ihn. Wunstorf, ja, genau. Erst nach Wunstorf, dort den britischen Stempel, dann ab nach Hause. Und vorher noch den Hund, ja, das darf er nicht vergessen. Wie Ernst sich freuen wird, wenn Otto mit dem Hund durch das Gartentor spaziert. Er kann das Gesicht des Jungen direkt vor sich sehen, ein leuchtendes Lächeln, wie er die Hand ausstreckt und das Fell berührt. Und dann Käthe, die ihm sanft die Hand auf die Schulter legt. Ihr Gesicht ganz nah an seinem. Nein, das ist nicht Käthes Gesicht.

»Sie sind verletzt, Otto.«

Die Stimme der Frau klingt fremd. Rotbraune Haare, Sommersprossen, hübsche, helle Augen. Direkt daneben das bärtige, schwarze Gesicht. Ein schöner Gegensatz. Otto versucht, das Bild festzuhalten. Dann drängen sich seine Gedanken wieder nach vorn.

»Der Zug«, sagt Otto, »ich muss los.«

Das sommersprossige und das wilde Gesicht schauen sich an. Sie verstehen nicht.

»Wunstorf«, erklärt Otto. Dann fällt ihm etwas Wichtiges ein. »Heinrich. Heinrich muss mit. Ja.«

Die junge Frau neben ihm macht ein beruhigendes Geräusch. Als würde sie ein Kind in den Schlaf wiegen. Ärger steigt in Otto auf. Er ist kein Kind. Und er kann jetzt nicht schlafen. Er muss los. Zum Zug. Nach Hause.

»Ich muss …«, setzt Otto an und will sich hochstemmen. Aber ein stechender Schmerz rast durch seine linke Seite und lässt ihn entkräftet auf dem Waldboden zurück.

»Ruhig, Otto«, sagt die junge Frau, die sich jetzt über ihn beugt.

Und da erkennt Otto das Gesicht. Ja, natürlich. Wie sie sich über das wimmernde Mädchen beugt, ihr sanft den Kopf streichelt, es an sich presst. Otto beobachtet die beiden aus der Ferne. Neben ihm der Trümmerhaufen, der einmal das Zuhause des Mädchens gewesen ist. Darin die verkohlten Leichen ihrer Familie. Die schwarzen Stahlträger, die grauen Betonbuckel, die dunklen Wunden im saftigen Grün. An diesem Abend war Otto schweigend am Feuer gesessen. Vor ihm auf dem Boden der zottelige Hund, der ihn unentwegt angestarrt hatte, aus Augen wie Teer, Otto taumelt, die Augen ziehen ihn heran und hinein ins Schwarz, ins Bodenlose, ins Nichts.

✦

Marianne hat den Dorfgendarmen noch nie so zerzaust gesehen. Gut, als geleckter Kommissar aus der Großstadt wäre der Hainzinger eh nie durchgegangen. Dafür sitzt er zu gern beim Wirt, denkt Marianne mit einem Blick auf den Kugelbauch, den der Mann, der gerade neben ihr nach Atem ringt, soeben die Böschung heraufgeschoben hat. Aber dass alles an ihm seine Ordnung hat, darauf ist der Hainzinger sonst schon bedacht. Jetzt ist die Uniform, die über dem Bauch spannt, dreckig und schweißgetränkt. Die obersten Knöpfe sind geöffnet, aus dem nassen Hemd recken sich ein paar dicke, weiße Brusthaare wie die Fühler eines monströsen Insekts ans Sonnenlicht. Ein beißender Schweißgeruch steigt Marianne in die Nase. Die Mütze hat der Gendarm abgenommen oder irgendwo verloren, die wenigen Haare auf seinem Kopf kleben feucht auf der rotgefleckten Kopfhaut. Sogar sein Schnurrbart scheint entkräftet über die Mundwinkel zu hängen.

»Und, Hainzinger, was machen die Ermittlungen?«

Es ist Marra, der als Erster spricht. Schwer schnaufend betrachtet der Hainzinger den am Boden sitzenden Soldaten, die Ironie in den Worten des Viechdoktors ist ihm offenbar entgangen.

»Die Identifizierung is des Problem«, sagt der Gendarm und wischt sich den Schweiß mit dem Ärmel seiner Uniformjacke von der Stirn. Nur wenige Sekunden später sieht Marianne neue, dicke Perlen auf seiner Halbglatze glänzen. Dann fährt er fort: »Die meisten sind einfach zu stark verstümmelt. Fleischberge sind des, keine Menschen mehr. Hast es ja selber gsehen.«

Marra nickt schweigend. Marianne muss an den alten Pongratz denken, der jetzt auch zwischen den Fleischbergen liegt. Zum ersten Mal spürt sie Übelkeit aufsteigen. Da fällt ihr Blick auf Paul, der unten am Waldrand sitzt und sorgfältig die Habseligkeiten der Opfer in das kleine Buch notiert. Ein Anflug von schlechtem Gewissen streift Mariannes Gedanken. Die Aufgabe, das Hab und Gut der Toten zu inventarisieren, hatte der Hainzinger eigentlich ihr übertragen. Nein, es ist besser, wenn der Bub die Schreibarbeit macht. Ihre Hilfe wird anderswo dringender gebraucht. Marianne will anpacken und nicht in den Sachen der Toten wühlen. Falls es dem Hainzinger aufgefallen ist, dass Marianne ihre Aufgabe an Paul weitergegeben hat, so sagt er nichts dazu.

»Jacken, Rucksäck, Ausweispapiere, da geht alles durcheinand. Und die Männer kennen sich ja oft gegenseitig gar ned«, sagt der Gendarm und wischt sich noch einmal den Schweiß von der Stirn. Sein Blick ist immer noch auf den Soldaten am Boden gerichtet, der die Augen geschlossen hat und zu schlafen scheint. »Bei acht Leichen wissen mir noch gar ned, wer des is.« Er nickt in Richtung von Otto. »Is der da tot?«

Jetzt lässt sich das schlechte Gewissen doch auf Mariannes Schultern nieder. Sie schüttelt den Kopf und schaut zum Doktor, der sich nur am Bart kratzt und schweigt.

»Ich geh mit«, sagt sie. »Des muss doch rauszufinden sein, wer da alles liegt.«

Noch bevor der Hainzinger etwas erwidern kann, ist Marianne bereits losmarschiert, die Böschung hinunter, und nimmt Kurs auf die lange Reihe der Leichen. Einige Männer haben bereits damit begonnen, die Körper für den Abtransport in schlichte Säcke zu stopfen.

Marianne bleibt vor dem Leichnam stehen, der als Letzter in die Reihe gelegt wurde. Es ist ein junger Bursche, etwa so alt wie ihr Bruder Max. Er ist nicht zugedeckt, wahrscheinlich gibt es keine Decken mehr. Oder man hat es aufgegeben. Marianne kniet sich neben den Toten ins Gras. Behutsam nimmt sie die Erkennungsmarke, die an einer dünnen Kette hängt und auf der Brust des jungen Mannes liegt. »7. Inf./ F / Ausb. Rgt. 729 – Nr. 93 0« steht da in das Metall graviert. In der Mitte der kleinen Blechscheibe befindet sich eine vorgestanzte Sollbruchstelle. So kann der Finder einen Teil der Scheibe abtrennen, um den Fund zu dokumentieren. Der andere Teil wird bei der Leiche belassen, damit diese später identifiziert werden kann. Deshalb sind beide Hälften mit den gleichen Informationen versehen, einer langen Reihe von Zahlen und Buchstaben. Am Ende der Marke in Mariannes Hand steht eine große Null. Dass das die Blutgruppe ist, weiß Marianne aus ihrer Ausbildung zur Rotkreuzhelferin. Mit den anderen Zahlen kann sie nichts anfangen.

»Bei den meisten haben mir Gott sei Dank die Markn.«

Der Hainzinger hat mittlerweile zu Marianne aufgeschlossen und steht jetzt neben ihr. Sein Schatten bedeckt das stille Gesicht des toten Soldaten.

»Zumindest hast dir einen gründlichen Gehilfen ausgsucht«, sagt der Hainzinger mit einem Seitenblick, in dem Marianne ein feines Schmunzeln zu erkennen glaubt. Er beugt sich über die Marke in Mariannes Hand. »Siebte Kompanie Infanterie Feldausbildungsregiment 729, Register Nummer 93, Blutgruppe 0.«

»Weiß ich doch«, sagt Marianne und fügt in Gedanken an: das mit der Blutgruppe.

Ihr ist heiß und der Geruch der Leichen brennt ihr in der Nase. Sie muss die Augen schließen, weil ihr schwindlig wird. Dann ist der kurze Moment der Schwäche vorbei. Gott sei Dank hat sie sich noch nicht übergeben müssen vor all den Leuten.

»Was is mit dem da?« Sie deutet auf den nächsten Mann in der Reihe. Er ist ab der Brust mit einem Mantel zugedeckt, es sieht aus, als würde er sich nur kurz ausruhen. Eine Erkennungsmarke kann Marianne nicht entdecken.

»August Schilling«, sagt der Hainzinger und richtet sich auf. »Der hat Ausweispapiere im Mantel ghabt.«

Da bleibt ein Soldat stehen, der gerade ein großes Blechstück übers Gras schleift.

»Nee, dat is der August Schilling.« Der Mann zeigt auf einen zerlumpten Soldaten bei den Waggons und schreit: »August, biste tot?«

Der Mann an den Waggons dreht sich um. »Nee, aber viel hat nich gefehlt«, ruft er und lacht.

Marianne zieht die Augenbrauen hoch und schaut den Hainzinger an. Der Gendarm kratzt sich am Nacken.

»Ja, Sakrament«, sagt er und schüttelt den Kopf.

»Du bist Rotkreuzhelferin?«

Marianne hat die beiden Männer, die sich vom Bahnwärterhäuschen genähert haben, nicht bemerkt. Sie erkennt den Amerikaner, der in der Nacht an die Tür des Schwarzwieserhofs geklopft und nach Decken gefragt hat. Den anderen Mann, es ist der, der sie fragend anschaut, hat sie noch nie gesehen. Er ist groß, glattrasiert und trägt wie sein Begleiter eine grüne Uniform. Sein Akzent ist kaum wahrnehmbar und doch fremd in Mariannes Ohren. Sie steht auf und nickt.

»Wir brauchen jemanden, der den Transport begleitet.« Der Mann deutet auf einen der Lastwagen, die am Bahnwärterhäuschen stehen. Deutsche und amerikanische Soldaten sind gerade dabei, Verletzte auf die Ladefläche zu heben.

»Wohin?«, fragt Marianne. Es ist ihr eigentlich egal, ihr ist auf die Schnelle nur keine bessere Frage eingefallen.

»Kirchseeon«, sagt der Mann knapp.

Marianne sucht den Blick seines Begleiters, des Soldaten, der sie an diesen Ort gebracht hat. Doch dessen Miene bleibt unbeweglich.

Marianne lässt noch ein paar Sekunden verstreichen, als würde sie das Angebot abwägen. Dann wischt sie sich die Hände an der Schürze ab und antwortet in ihrem besten Amerikanisch: »O-kee.«

Mariannes Blick schweift über die Ladefläche. Unter ihr ruckelt der Motor des wartenden Lastwagens. Um sie herum liegen und sitzen die Verletzten. Manche von ihnen stöhnen, manche sind stumm. Mariannes Blick fällt auf einen Mann, der ihr gegenüber an der hölzernen Pritsche kauert. Ein schmutziger Wehrmachtsmantel hängt um seine Schultern, darunter ist er nackt. Mit glasigem Blick starrt er ins Leere. Marianne glaubt ein leises Murmeln aus seinem Mund zu hören, nur ein Wort, wieder und immer wieder. Es klingt wie »Mama«.

ZWEI TAGE ZUVOR

Die Nachricht verbreitet sich schneller als die Kunde vom Kriegsende. Einer der ehemaligen Zwangsarbeiter, ein Serbe, der beim Neuwirt einquartiert ist, hat einen sensationellen Fund gemacht: In einem zugemauerten Gewölbe unter der Wirtsstube hat er ein Lager aufgetan, voll bis unter die Decke mit Wein, Schnaps und Champagner. Wie genau der Serbe das Gewölbe entdeckt hat, das weiß Fritz nicht. Als er am Kirchplatz ankommt, ist das Besäufnis schon in vollem Gang.

»Das Zeug ist vom Vier Jahreszeiten«, sagt der Mann, der neben Fritz an der Friedhofsmauer lehnt. Er trägt einen alten, aber gut gepflegten Mantel. Auf seinem Kopf sitzt ein Hut mit kurzer Krempe. Über ihnen zeigt die alte Sonnenuhr auf der unverputzten Steinwand der Kirche den späten Nachmittag an.

Fritz schaut ihn verständnislos an.

»Na, das berühmte Münchener Hotel.« Der Mann lacht. Seiner Sprache nach zu urteilen stammt er aus den deutschen Ostgebieten. Ehemaligen deutschen Ostgebieten, korrigiert sich Fritz in Gedanken.

Fritz überlegt, ob er den Mann schon einmal gesehen hat in Aßling. Er kann sich nicht erinnern. Aber das verwundert kaum, sind doch in den letzten Wochen unablässig Menschen aus allen Winkeln des zerstörten Reichs im Dorf eingetroffen: Ausgebombte, Flüchtlinge, ehemalige Zwangsarbeiter. Manche sind auf der Durchreise. Manche bleiben. Werden einquartiert in Häuser und Höfe.

»Hatten wohl Angst, dass ihnen eine Bombe auf ihren Schampus fällt. Also haben sie den Fusel aus der Stadt evakuiert. Fast so was wie Kinderlandverschickung. Nur eben mit Schnaps statt Kindern. Manche Dinge sind eben dringlicher als andere.« Der Mann lacht. »Ihr Bayern seid schon ein lustiges Völkchen.« Er stößt seine Flasche klirrend an die von Fritz. »Sehr zum Wohle.«

»Ich bin nicht von hier.« Fritz nimmt einen tiefen Schluck. Der Wein schmeckt bitter. Aber was solls.

»Hab gehört, dass sie alles mögliche Zeug aus München raus aufs Land geschafft haben«, fährt der Mann fort. »Bin auf dem Weg hier runter durch die Stadt gekommen. Sieht übel aus da. Kaum noch ein Stein auf dem anderen.«

Fritz hört ihm nicht richtig zu. Er lässt seinen Blick über die Szenerie schweifen. Noch immer kommen Leute aus allen Himmelsrichtungen. Viele Alte stehen mit Flaschen herum, aber auch Kinder in abgewetzten Lederhosen und zerschlissenen Kleidern. Es kümmert niemanden. Gerade trifft eine Gruppe von Männern ein, die vom Torfstechen in der Aßlinger Filzen zurückkommen. Drüben an der Dorflinde steht eine Gruppe Flachsweiber. Anscheinend haben sie heut sogar in der Flachsröste vom Rottmayr früher Schluss gemacht. Jemand hat Bänke und sogar ein paar wacklige Biertische aufgestellt. Die meisten jungen Männer sind ehemalige Zwangsarbeiter oder Amerikaner. Zwei Militär-Jeeps parken auf dem staubigen Platz vor dem Neuwirt. Die Soldaten in ihren olivgrünen Uniformen stehen zusammen, trinken und rauchen. Auch zwei schwarze GIs sind unter den Soldaten, ein Anblick, an den Fritz sich immer noch nicht gewöhnt hat. Ein paar besonders mutige Dorfjungen gesellen sich zu den Amerikanern, die sie lachend gewähren lassen. Sogar ein paar Mädchen sind da. Auch sie haben Flaschen in der Hand. Immer wieder werfen sie den Ausländern Blicke zu.

»Jetzt schau dir die an … fraternisieren vor alle Leut mitm Feind.«

Fritz schaut sich um. Wenige Meter entfernt stehen einige Männer in einer Gruppe zusammen. Fritz erkennt die meisten Gesichter. Auch das vom Bremmerbartl. Der bleckt die Zähne und spuckt in Richtung der Mädchen aus. Fritz sieht das Loch in seinem Gebiss.

»Erst kommen die Ausbombten und nehmen uns die Häuser weg. Dann kommen die Flüchtling und nehmen uns das Fressen weg. Und jetzt kommen die Amis und nehmen uns die Weiber weg.« Zustimmendes Gemurmel der anderen Männer. Der Bartl dreht sich zu Fritz um und grinst schief. »Stimmts ned, Marra?«

Fritz schweigt. Weil ihm nichts Besseres einfällt, nimmt er noch einen Schluck aus der Weinflasche.

»Magst uns deinen neuen Spezl ned vorstellen, ha?« Der Bremmer hat sich jetzt aus seiner Gruppe gelöst und baut sich vor Fritz und seinem Nebenmann auf.

Fritz schweigt.

»Kowalski, angenehm.« Der Mann neben Fritz streckt dem Bremmerbartl die Hand hin. Der macht keine Anstalten, sie zu ergreifen.

»Da schau her. Bist also auch einer von denen?« An seine Begleiter gewandt ruft er: »Noch so ein Wasserpole, der sichs bei uns im Dorf gutgehen lasst.«

»Aber bitte, was heißt denn hier gutgehen lassen?« Der Mann, der sich als Kowalski vorgestellt hat, richtet sich auf und strafft die schmalen Schultern. »Ich bin nicht aus Spaß hierhergekommen. Wir mussten …«

»Und was is des da?«, unterbricht ihn der Bremmer und zeigt auf die Flasche in der Hand des Anderen. »Schaut für mich scho nach Spaß aus!« Die Männer hinter ihm lachen. »Mir hamm selber nix zum Fressen und Saufen und ihr lassts euch von uns durchfüttern.«

»Genau«, jetzt mischen sich auch die Begleiter vom Bremmerbartl ein. »Ihr kriegts von der Regierung alles in den Arsch reingschoben, ohne dass ihr eine Hand rühren brauchts.«

»Jetzt reicht es aber …« Kowalski schaut sich nervös um. Die Männer haben einen Halbkreis um ihn gebildet. Die Umstehenden werfen neugierige Blicke herüber.

»Genau, reichen tuts!« Der Bremmer ist jetzt richtig in Fahrt gekommen. Das Publikum macht ihm offenbar Mut. »Mir hören doch, wie in eurer Barackn gsungen und tanzt werd. Am heiligen Sonntag!« Er schreit jetzt. Speichel sprüht aus seinem Mund. »Arbeitsscheues Gsindel! Das Dach anzünden sollt ma euch!«

»Jetzt habens sogar einen von euch Preißn zum Gemeindesekretär gmacht«, mischt sich ein Mann ein, den Fritz als den Kerschgruberknecht erkennt. »Bald hat des Gschwerl da bei uns des Sagen und mir können schaun, wo mir bleiben.«

»Moment, der Truschka ist ein erfahrener Mann«, versucht Kowalski einen Gegenangriff. »Der war zuhause in Schlesien auch schon Gemeindesekretär …«

Doch das scheint den Bartl nur noch mehr anzustacheln. »Der hat wahrscheinlich eine weiße Westn wie ihr alle, ha?« Drohend fuchtelt er seinem Gegenüber mit dem Finger vor dem Gesicht herum. »Warum habts ihr eigentlich alle eure Parteibücher verloren auf der Flucht?« Das Wort »verloren« dehnt er dabei in die Länge.

»Ihr musstet nicht eure Häuser zurücklassen. Euer Hab und Gut. Eure Heimat.« Dem Kowalski steht die Wut ins Gesicht geschrieben. Seine Stimme überschlägt sich. »Ich bin nicht freiwillig hier.«

»Dann geh doch zrück!«, schreit jemand aus der kleinen Menge, die sich um Kowalski und den Bremmerbartl gebildet hat.

»Genau, schleich dich!«

»Die hamm doch alle Dreck am Steckn, die Saupreißn.«

»Und uns anschaffen wollen …«

Hilfesuchend schaut sich Kowalski um. Sein Blick bleibt an Fritz hängen, der sich bislang nicht gerührt hat. Den Moment, da Kowalski ihm den Rücken zukehrt, nutzt der Bartl aus und verpasst ihm einen Tritt in die Kniekehle. Kowalski schreit auf und sackt zusammen.

»Jetzt lass den Mann in Ruh, Bremmer.« Fritz hat sich neben dem am Boden Knieenden aufgebaut und starrt dem Bartl ins Gesicht.

»Misch dich da ned ein, Marra«, faucht ihn der Bremmer an.

»Hab ich schon.« Fritz nimmt einen tiefen Schluck aus seiner Flasche und wischt sich mit dem Handrücken den Mund ab.

»Der Preiß soll sich schleichen und uns ned die Arbeit und des Sach wegnehmen!«

»Hab gar nicht gewusst, dass das dein Sach ist, Bremmer.« Fritz deutet auf die Schnapsflasche in der Hand seines Gegenübers.

»Haltst dich für gscheit, Marra, gell? Du ghörst genauso wenig daher wie der da.« Der Bremmerbartl zeigt auf Kowalski, der sich wieder aufgerappelt hat und zurückgewichen ist. »Hast ned irgendwo eine Itaker-Hure, zu ders dich schleichen kannst? Von irgendwem musst den kleinen

Krüppel ja haben.« Die umstehenden Männer lachen. »Unterm Führer hätt ma solche wie den noch vergast!«

Der Schlag, mit dem Fritz den Bremmerbartl in den Bauch trifft, ist hart, aber nicht gut gezielt. Und noch bevor er dem sich krümmenden Mann sein Knie ins Gesicht rammen kann, drücken ihn schwitzende Hände, Arme, Körper zu Boden.

»Jetzt ghörst der Katz, Marra«, hört er die Stimme vom Bremmer über ihm. Der erste Tritt trifft ihn oberhalb der Schläfe. Der zweite auf den Mund. Der Geschmack von Blut breitet sich zwischen seinen Zähnen aus.

»Hey, stop it. Stop!« Das ist das Letzte, das Fritz hört, bevor der Stiefel ein drittes Mal niederfährt und sich sein Bewusstsein in einem Nebel aus Schmerz und Schwärze auflöst.

✧

Unruhig wälzt sich Paul auf seinem Bett hin und her. Er hat mitbekommen, dass das halbe Dorf am Kirchplatz zusammengelaufen ist. Wahrscheinlich ist sein Tatta auch dort. Er selber hat keine Lust auf so viele Leute, auf den Sollermartin, auf die anderen Kinder. Seit der dicke Wast nicht mehr da ist, geht Paul den Dorfjungen aus dem Weg. Eigentlich geht er auch den Erwachsenen aus dem Weg. Von draußen dringen Geräusche durch die dünne Holzwand. Paul horcht auf. Das wird sein Tatta sein. Aber die Tür öffnet sich nicht, niemand kommt herein. Die Geräusche entfernen sich wieder. Es ist mittlerweile dunkel geworden. Wahrscheinlich ist sein Tatta noch zum Alten Wirt gegangen. Paul streift die Hose von seinen Beinen und schlüpft unter die Decke. Warum sein Tatta wohl so gerne beim Wirt sitzt, wo er doch die Dörfler nicht mag? Vielleicht mag er einfach nicht bei mir sein, denkt Paul. Warum sollte sein Tatta auch gerne bei ihm sein, wenn sogar seine Mutter ihn nicht hat haben wollen? Paul dreht sich auf den Bauch und sucht nach anderen Gedanken in seinem Kopf, an die er sich klammern kann. Kurz flackert das verwunderte, blutbespritzte Gesicht vom dicken Wast vor sei-

nem inneren Auge auf. Paul setzt sich auf. Barfuß tappt er durch den Raum und entzündet die Petroleumlampe. Dann zieht er das Heftchen mit den Indianergeschichten unter seiner Matratze hervor und beginnt zu lesen.

Als Paul die Augen aufmacht, ist es schon hell. Neben ihm liegt das aufgeschlagene Indianerheft, ein paar Seiten sind zerknittert. Plötzlich sitzt er kerzengerade im Bett. Er hat die Lampe vergessen. Sein Blick zuckt durch den Raum, dann bleibt er auf der Petroleumlampe liegen, die oben auf dem kalten Ofen neben dem Bett steht. Sie muss in der Nacht ausgegangen sein. Paul fällt ein Stein von Herzen. Aber wenn sein Tatta merkt, dass Paul eine ganze Dose Petroleum verbraucht hat … Paul kann das wutverzerrte Gesicht vor sich sehen, die erhobene Faust. Ängstlich linst er hinüber zum anderen Bett. Aber das ist leer. Paul fühlt, wie warme Erleichterung seine Brust ausfüllt. Doch nur ein paar Sekunden später ist die Angst zurück. Das Bettzeug ist unangetastet. Wo ist sein Tatta? Ist er in der Nacht gar nicht heimgekommen? Sein Tatta kommt oft spät nach Hause. Und manchmal wird er mitten in der Nacht geweckt und muss in den Stall, um einer Kuh beim Kalben zu helfen. Aber dass er die ganze Nacht wegbleibt, das hat es noch nie gegeben.

Schnell ist Paul angezogen. Sicherheitshalber schlägt er die Decke im anderen Bett zurück, aber das ist natürlich Unfug. Dann eilt er zur Tür und hinaus ins Freie und stolpert und landet auf seinen Ellbogen im Dreck. Er richtet sich auf und dreht sich um und da liegt sein Tatta direkt vor der Tür des Gartenhauses auf der nackten Erde. Sein Gesicht ist blau und geschwollen, an seinem Kopf klebt dunkles Blut und auf seiner Brust trocknet das Erbrochene in der Morgensonne. Erst jetzt steigt Paul der säuerlich-scharfe Geruch in die Nase. Jetzt sieht er auch den großen dunklen Fleck auf der Hose von seinem Tatta.

Vorsichtig rüttelt Paul seinen Tatta an den Schultern. Aber der bewegt sich nicht. Paul bringt sein Ohr über den Mund des am Boden Liegenden. Er kann den warmen Atem spüren. Er rüttelt den schweren Körper noch einmal, dieses Mal fester.

»Tatta. Tatta!« Er rüttelt und rüttelt. »Wach auf!«

Aber es ist nichts zu machen. Da kommt Paul eine Idee. Er steht auf, steigt über den zusammengekrümmten Körper hinweg und holt den Blecheimer aus dem Haus. Den füllt er am Pumpbrunnen im Garten. Als er über der reglosen Gestalt steht, zögert er kurz. Dann entleert er den Eimer in einem eisigen Schwall. Prustend fährt sein Tatta hoch und stützt sich auf die Unterarme. Mit dumpfem Blick glotzt er Paul an, dann übergibt er sich auf die Türschwelle. Als das Würgen verebbt, kommt er schwer atmend auf die Knie.

»Was ist passiert?« Besorgt schaut Paul auf den zerschundenen Mann hinab, der da vor ihm im Dreck kniet und sich den Speichel vom Mund wischt.

Sein Tatta schüttelt nur den Kopf. Dann erhebt er sich mühsam, mit einer Hand stützt er sich am Türrahmen ab. Ein schmerzerfülltes Grunzen dringt aus seiner Kehle und er fasst sich mit einer Hand prüfend ins Gesicht.

»Du musst zu einem Doktor«, sagt Paul und macht einen Schritt auf seinen Tatta zu.

Der streckt nur abwehrend den Arm aus und schüttelt wieder den Kopf.

»Wo bist du gewesen?«, probiert es Paul noch einmal. »Was ist passiert?«

»Scheiß … dorf«, presst sein Tatta hervor und stöhnt auf.

»Du hast uns hierhergebracht.« Paul will sich am liebsten die Hand auf den Mund pressen, aber jetzt sind sie schon in der Welt, die Worte.

Sein Tatta schaut ihn aus blutunterlaufenen Augen an. »Kannst ja gehen.« Er sagt es leise, zischt es zwischen zusammengebissenen Zähnen hindurch. Aber das Gesagte verfehlt seine Wirkung nicht.

»Das wär dir recht, gell?«, fährt es aus Paul heraus. »Wenn ich weg wär. Wenn du mich los wärst.« Pauls Stimme wird hoch und bricht sich, was ihn nur noch wütender macht. »Ich bin dir eh nur ein Klotz am Bein, oder? Dein Krüppelsohn, der zu nix gut ist …« Paul spuckt aus, sein Speichel vermischt sich mit dem Erbrochenem auf der Brust seines Ge-

genübers und tropft in dünnen Fäden auf dessen Hose. Da ist Paul aber schon fast am Brunnen. Er rennt, so schnell er kann.

Paul hetzt über den Dorfanger, wo die Trucks und Jeeps der Amerikaner ordentlich aufgereiht nebeneinanderstehen und in der Sonne glänzen. Blind vor Wut und Trauer, lässt er sich von seinen Füßen zur Kirche tragen. Der Kies unter seinen Schuhen spritzt in alle Richtungen, als er über den Friedhof stolpert. Erst an einem kleinen Holzkreuz bleibt er stehen und sinkt auf die Knie. Die Erde auf dem Grab ist noch dunkel, auf ihr liegen ein paar welke Blumen. In das Kreuz ist ein Name geritzt. Sebastian Pongratz steht da.

Als eine Hand ihn am Rücken berührt, schreckt Paul hoch. Wie lange er neben dem Grab auf der kalten Erde gelegen ist, weiß er nicht. Seine Augen sind nass und verquollen. Als er aufblickt, setzt sein Herzschlag einen Moment lang aus. Er blickt in das Gesicht einer Frau. Es ist ein freundliches Gesicht. Nicht mehr ganz jung, aber schön. Es ist das Gesicht der Hexe.

»Nein, so wird das nichts.« Der dichte, schwarze Bart wackelt, weil der Mann so lachen muss. »Schau her, so musst du ihn nehmen.« Der Bichlerknecht nimmt Paul den Draht aus den Händen. Matthias heißt er. Paul war erst ganz verdattert, dass der Riese einen Namen hat. Und dann noch dazu so einen normalen Namen. Jetzt findet Paul, dass Matthias gut passt zu dem Mann, der einen großen Mund hat und viel lacht und dessen Sprachmelodie so ganz anders klingt wie die der Dorfbewohner.

»Sieh zu, Junge.« Matthias nimmt die Rundhölzer, die an beiden Enden des Drahts befestigt sind, und setzt ihn auf das abgebrochene Horn der Kuh, deren Kopf er mit Stricken am Gatter festgebunden hat. Es ist dasselbe Tier mit den braunen Augen, das Paul ins Gesicht geschnaubt hat, als er schon einmal hier gewesen ist. Aber das kommt ihm vor, als wäre es eine Ewigkeit her. Die großen Augen der Kuh rollen auf und ab, als Matthias mit schnellen Bewegungen den Draht über das Horn zieht.

Hin und her und hin und her. Paul steigt ein sonderbarer Geruch in die Nase. So riecht es, wenn man zu nah ans Feuer kommt und sich die Haare verbrennt, denkt Paul. Der Draht sinkt immer tiefer ins Horn und plötzlich fällt es klackernd auf den Stallboden. Aus dem verbliebenen Stumpf am Kopf der Kuh schießt eine dünne Blutfontäne und besprenkelt Pauls Arm, noch bevor er zur Seite springen kann.

Matthias lacht polternd und ruft: »Jetzt das Eisen, schnell!«

Paul nimmt das Eisen mit der bereitliegenden Zange aus der mit Glut gefüllten Schale und reicht es dem Knecht. Als der nach der Zange greift, fällt Paul auf, dass auch die Hand des Knechts über und über mit schwarzen Haaren bedeckt ist. Der kleine Finger und der Ringfinger fehlen. Matthias drückt den Kolben auf die Arterie, es zischt leise und sofort versiegt die Fontäne. Die Kuh zuckt nur kurz.

Erst jetzt bemerkt Paul die Frau, die hinter ihnen steht und die Szenerie beobachtet. Es ist die Bichlerin. Eigentlich heißt sie Elisabeth. Das hat sie Paul noch am Friedhof gesagt. Dass eine Hexe Elisabeth heißen soll, das konnte Paul nicht recht glauben. Aber dass die freundliche Frau mit der blassen Haut und den dunklen Haaren ihn anlügt, dass konnte Paul noch weniger glauben. Und weil er traurig war und wütend und nicht mehr nach Hause wollte, hatte Paul einfach beschlossen, dass die Bichlerin keine Hexe sein könne. Dass er sich den alten Stall und den Dämon und den Dolch nur eingebildet hat. Und so hat er sich auch nicht gewehrt, als ihn die Bichlerin an der Hand gefasst und mitgenommen hat auf den Hof, wo er dann den ganzen Tag geblieben ist. Dort hat er die Zovkos kennengelernt, eine ältere Frau mit kurzen, schlohweißen Haaren und ihre Töchter, zwei stille junge Frauen mit sanftem Lächeln und Augen, die irgendwie mehr nach innen geblickt hatten als hinaus in die Welt. Als wäre die eigentliche Welt nicht um sie herum, sondern irgendwo tief in ihrem Inneren. Zumindest war das Paul so vorgekommen. Die Zovkos hatten mittags für Paul und alle anderen auf dem Hof Pfannkuchen gebacken, die so gut schmeckten, dass Paul gar nicht mehr aufhören konnte zu essen und Matthias dröhnend gelacht und gesagt hatte, Paul solle ihm gefälligst auch etwas übrig lassen, sonst müsse er eine ganze Woche lang jeden Morgen auf den Hof kommen und im Stall helfen, bis er die Eier und das Mehl und die Milch abgearbeitet habe. Und Paul hatte gehofft, dass der Knecht das ernst meint.

»Kannst den Bub entbehren, Matthias? Oder macht er jetzt deine ganze Arbeit?« Um Elisabeths Mund spielt ein spöttisches Lächeln.

Der Knecht lacht. »Und was soll ich dann machen? Weiterziehen und mir eine neue Stellung suchen?« Matthias legt das Eisen zurück in die Glut. »Nein, nein. So leicht wirst du mich nicht los.«

»Tät dich eh kein andrer nehmen«, sagt die Bichlerin schmunzelnd und wendet sich dann an Paul: »Geh mit, ich zeig dir was.«

Als sie in das Halbdunkel des alten Gewölbes treten, bleibt Paul wie angewurzelt stehen. Ein muffiger Geruch schlägt ihm entgegen. Sein Herz klopft wild und er muss sich zusammenreißen, um nicht auf der Stelle kehrtzumachen. Es war keine Einbildung gewesen. Der alte Stall, die Kleider, die Garderobenständer, der Spiegel, die Kisten, alles ist noch da.

»Was is?« Elisabeth schaut ihn von der Seite an.

Dann dreht sie einen Schalter an der Wand und an der Decke glimmen vereinzelte Glühbirnen auf, die den Raum in gelbliches Licht tauchen.

»Des is aus der Staatsoper«, sagt Elisabeth und deutet mit einer weiten Geste in den Raum hinein. »Aus München«, fügt sie hinzu, als Paul nicht antwortet. »Ein Freund von mir kennt den Generalmusikdirektor, weißt? Und der hat mich gfragt, ob er die Kostüme und Requisiten herbringen darf. Wegen den Bomben.«

Nur langsam sickert die Erkenntnis in Pauls Gehirn. »Kostüme?«, fragt er entgeistert.

»Ja. Die meisten schauen teuriger aus, als sie sind.« Elisabeth fährt mit den Fingern über die goldene Zierborte an einem grünen Kleid. »Aber wie soll man weiterspielen, wenn alle Kostüme und Requisiten verbrannt sind? Und man muss doch weiterspielen, oder findest ned?«

Paul ist sich nicht sicher, was er findet, und nickt vorsichtshalber. Langsam wandelt er an Elisabeths Seite durch die engen Gänge zwischen den Stoffen, Leinwänden und Kisten. Gerade als er glaubt, ein gelbes Augenpaar in den Schatten zu erkennen, fasst ihn die Bichlerin am Arm. Paul dreht sich um und sein Blick fällt auf einen goldenen Dolch in ihrer Hand. Er schaut hoch zu Elisabeth, um deren Lippen wieder das feine Lächeln spielt, das Paul heute schon so oft bewundert hat.

»Nimm«, sagt sie und hält ihm den Dolch hin. Als Paul zögert, fügt sie hinzu: »Den werd der Herr Generalmusikdirektor scho ned vermissen.«

Da öffnet sich die Tür zum neuen Stall und Matthias steckt den haarigen Kopf herein.

»Es geht los«, sagt er mit ernster Miene.

»Dann lauf und hol den Viechdoktor.« Elisabeth ist bereits auf dem Weg in den Stall. Ihre Ärmel hat sie hochgekrempelt.

Matthias schaut erst die Bichlerin an, dann Paul.

»Jetzt lauf zu, in Gottes Namen«, fährt ihn die Bichlerin an.

Da dreht sich der Knecht um und setzt sich in Bewegung.

✧

Wieder steht Otto in einer langen Schlange im Hangar des Fliegerhorsts. Wieder werden die Männer von gelangweilten GIs durchsucht. Viel ist aber nicht mehr zu holen. Als der Wachmann das Bündel mit den Briefen prüfend in seiner Hand dreht, schlägt Otto das Herz bis zum Hals. Schließlich reicht ihm der Amerikaner das Papier zurück. Otto seufzt erleichtert. Hoffentlich hat Heinrich es nicht gehört. Der steht dieses Mal einen Platz vor ihm in der Reihe.

Als nächstes werden die Männer von einem missmutigen Militärarzt untersucht. Vor allem für Geschlechtskrankheiten scheinen sich die Amis zu interessieren. Otto, Heinrich und die anderen Männer müssen ihre Hosen herunterziehen. So stehen sie in der weitläufigen Halle, eine Reihe bleicher, knöcherner Hintern.

»Zum Abschied noch ne Schwanzparade«, sagt Heinrich fröhlich und summt dazu den Marsch der Roten Funken.

Als ob wir uns im Lager eine Geschlechtskrankheit eingefangen haben könnten, denkt Otto. Anschließend werden die Landser mit DDT vollgestaubt. Das weiße Pulver, das die GIs aus gigantischen Spritzen großzügig über die verdreckte Horde der Gefangenen verteilen, wabert in dicken Schwaden durch den Hangar.

»Nu, da wächst nix mehr«, hört Otto die Stimme seines Freundes durch den Nebel.

Als Otto vor dem hölzernen Tisch steht, schiebt ihm ein schmächtiger Amerikaner, dessen Augen durch die dicken Brillengläser grotesk vergrößert werden, ein bedrucktes Blatt Papier zu.

»What is …«, Otto überlegt kurz, »… it?«

»Ein Zertifikat, das Ihre ordnungsgemäße Behandlung durch die Streitkräfte der U. S. Army bescheinigt«, sagt der Mann in akzentfreiem Deutsch.

Otto zögert eine Sekunde, dann greift er nach dem Stift und unterschreibt.

Ungläubig starrt Otto auf das Blatt Papier in seiner Hand. »CERTIFICATE OF DISCHARGE« steht da in Großbuchstaben am oberen Rand. Eigentlich war das Ganze einfacher als gedacht: Den rechten Daumen erst in die Tinte, dann links unten auf das Formular drücken. Angabe des voraussichtlichen Wohnorts. Stempel: runder Kreis, Schriftzug »Third United States Army Discharge Center«, daneben zwei kleine Sternchen. In Ottos Manteltasche stecken vierzig Reichsmark Entlassungsgeld und Marschverpflegung für drei Tage.

Die feldgraue Masse, die sich jetzt unter den wachsamen Augen bewaffneter GIs in Richtung der Gleise schiebt, ist nach Herkunft der Männer zusammengestellt. Alle Heimatorte liegen in der britischen Besatzungszone, im Rheinland oder Westfalen. Otto streckt den Kopf und versucht, den heruntergekommenen Haufen zu überblicken. Mehr als tausend, denkt er. Und zum mehr als tausendsten Mal tastet seine Hand nach dem Bündel in der Innentasche seines Mantels. Die Briefe sind noch da. Auf dem Gleis wartet eine lange Reihe hölzerner, fensterloser Wag-

gons, die schweren Schiebetüren gähnen den Ankömmlingen wie schwarze Mäuler entgegen. Neunundzwanzig, nein, dreißig Waggons kann Otto zählen. Immer vierzig Mann zwängen sich in die dunklen Wagen, Otto kann Kalle ausmachen, der inmitten eines grauen Pulks in den drittletzten Waggon geschwemmt wird. Dann wird er selbst nach vorne geschoben, klettert durch die Tür des Waggons vor ihm, suchend schaut er sich um, da drüben ist Heinrich, Otto wirft noch einen letzten Blick nach draußen, die große, alte Uhr an der Rampe zeigt 16:47 Uhr, da schließen sich schon rumpelnd die Türen, der helle Tag ist ein Fenster, ein schmales Band, ein dünner Strich. Dunkelheit. Nur ein paar Lichtstrahlen dringen noch durch die Ritzen in den Brettern. Jemand zündet eine Laterne an und hängt sie an einen Haken über der Tür.

»Viehwaggons«, sagt Heinrich kopfschüttelnd, als er sich durch die eng aneinandergedrückten Leiber zu Otto gezwängt hat. »Sind wir Scheiß-Rinder, oder wat?«

Otto schaut sich um. So weit er erkennen kann, war der Waggon vorher leer gewesen. Es gibt keine Bänke, keine Strohsäcke. Nur den nackten Boden. Ruckelnd setzt sich der Zug in Fahrt.

»Scheiß drauf, Heinrich«, sagt Otto grinsend und legt seinem Freund die Hand auf die Schulter. »Es geht nach Hause.«

Jetzt muss auch Heinrich lächeln. Am vorderen Ende des Waggons stößt jemand einen Jauchzer aus, der von den anderen Männern begeistert aufgenommen wird. Unter Jubelrufen rollt der Zug aus dem Lager.

»Das muss Rosenheim sein«, sagt Otto, während er das Gesicht an das raue Holz drückt und durch den Spalt nach draußen späht.

»Wunstorf«, sagt Heinrich gedankenverloren. Er sitzt an die Wand gelehnt auf seiner Ölpapierplane, die Arme hinter dem Kopf verschränkt. »Mussn Tommy-Lager sein. Die verabschieden uns mit nem Arschtritt endgültich nach Hause.«

»Mmhm.«

Otto versucht, den Grund für ihren Halt auszumachen, aber sein Sichtbereich ist so beschränkt, dass er von den Vorgängen draußen nicht viel erkennen kann.

»Nu, alles is besser als der beschissene Käfich, wa?«

»Mmhm«, sagt Otto wieder. Langsam wird er unruhig. Warum, zum Teufel, geht es nicht weiter? Draußen dämmert bereits der Abend und es beginnt zu regnen. In der Ferne ist Donnergrollen zu hören. Da läuft ein Ruck durch den Zug und langsam setzt sich die schmale Welt draußen in Bewegung. Otto atmet auf. Dann lässt er sich neben Heinrich auf den harten Boden gleiten. Er tastet seinen Mantel ab. Alles noch da. Um ihn herum sind graue Gesichter. Es ist drückend heiß im Waggon. Manche Männer haben sich wie Otto und Heinrich auf den Boden gesetzt, manche stehen, einige wenige haben einen Platz gefunden, auf dem sie ihre Glieder austrecken können. Graue, glückliche Gesichter.

»Wo die Wupper wild woget auf steinigem Weg
An Klippen und Klüften sich windet der Steg
Wo der rauchende Schlot und der Räder Gebraus
die flammende Esse, der Hämmer Gesaus
Verkünden und rühmen die fleißige Hand
Da ist meine Heimat, mein Bergisches Land
Da ist meine Heimat, mein Bergisches Land«

Während der Regen auf das Blechdach prasselt und das aus Solingen stammende Trio neben ihm zur dritten Strophe des Bergischen Heimatliedes anhebt, rappelt sich Otto auf und presst sein Gesicht an den Spalt zwischen den Brettern.

»Wie oft willste denn noch gucken?«, fragt Heinrich. Er sieht amüsiert aus. Seeräubergesicht. »Drei Tage hammse gesacht. Jetzt machs dir doch ma gemütlich.«

Wie um seine Aufforderung zu unterstreichen, streckt Heinrich die Beine von sich und seufzt genüsslich. Draußen kann Otto die Lichter eines kleinen Bahnhofs vorbeiziehen sehen, danach herrscht wieder Fins-

ternis. Plötzlich wird Otto sanft gegen Heinrich gedrückt, die Menschenfracht wogt träge nach vorne, der Zug wird langsamer und kommt zum Stehen. Das Bergische Heimatlied ist verstummt, nur die sacht an ihrem Haken schaukelnde Laterne gibt ein leises Quietschen von sich. In ihrem schwankenden Licht sieht Otto, wie Heinrich eine Augenbraue nach oben zieht.

»Sind wohl doch schon da«, sagt Heinrich.

Otto schielt durch die Bretter hinaus in die Dunkelheit.

»Dann ist es in Wunstorf aber ziemlich finster«, sagt er und kratzt sich am Kopf.

Der Regen ist jetzt stärker geworden. Über dem Zug rollen Donnerschläge durch die Nacht. Die Minuten vergehen, endlos ziehen sie sich in die Länge. Die Solinger stimmen das nächste Lied an, die ersten Kameraden lehnen sich an ihre zu Kopfkissen gefalteten Decken oder Mäntel und schließen die Augen. Über ihren Köpfen tobt das Gewitter.

Als etwa eine halbe Stunde lang nichts passiert, wagen es zwei Landser, die Schiebetür zu öffnen. Die frische Luft flutet das Innere des Waggons, gierig saugt Otto die feuchte Brise ein. Ein paar Soldaten klettern auf das Gleisbett und zünden sich Zigaretten an. Auch Otto steigt über Beine, schiebt sich an stinkenden Körpern vorbei, dann ist er an der Tür und lässt sich in die Nacht gleiten. Der kühle Regen in seinem Gesicht fühlt sich gut an. Der Zug ist in einer lang gestreckten Linkskurve liegengeblieben, zu beiden Seiten rauschen hohe Bäume. Otto macht gerade ein paar Schritte, um sich die steifen Beine zu vertreten, als zwei Männer aus Fahrtrichtung die lange Reihe der Waggons entlang auf ihn zukommen. Sie tragen Eisenbahneruniformen, in ihren Händen baumeln rot leuchtende Signallaternen.

»Was ist los?«, fragt Otto, als die Männer auf seiner Höhe sind.

Der erste Mann, möglicherweise der Zugführer, zögert kurz. Dann scheint er zu dem Entschluss zu kommen, dass es nicht schaden kann, sein Wissen mit den Passagieren zu teilen.

»Der Ölschalter«, sagt der Mann und zeigt vage in Richtung der Lokomotive, die in der Dunkelheit nicht zu erkennen ist. »Liegt an den

Oberleitungen. Da schwankt der Fahrstrom.« Er niest zweimal kräftig, dann ergänzt er: »Gerade bei Gewitter.«

Dann setzen die beiden Männer ihren Weg zum Zugende fort. Langsam spürt Otto, wie die Nässe in seinen Kragen kriecht. Er wendet sich zurück zum Waggon und klettert ins Trockene. Im trüben Schein der Lampe über der Tür spielen vier Männer Karten. Otto bahnt sich seinen Weg zurück zu Heinrich. Der sitzt immer noch an Ort und Stelle, sein Kopf ist in einem kuriosen Winkel zur Seite gekippt. Er schläft. Otto lässt sich neben seinem Freund nieder und schiebt dessen Kopf vorsichtig in eine bequemere Position. Dann holt er die Briefe aus seinem Mantel und beginnt zu lesen.

… Und Dina hat sich tüchtig den Magen verdorben. Sie ist ganz grün gewesen im Gesicht …

Otto lässt das Papier in seiner Hand sinken. Es ist nur die leise Ahnung eines Gefühls. Tief in seinem Inneren. Wie ein schwaches Vibrieren. Otto blickt hinüber zur Laterne. Ihr Licht zittert sanft.

17. JULI 1945

Unten am Bahndamm herrscht Aufregung. Fritz hört Männer rufen und erhebt sich, um einen besseren Blick auf das Geschehen zu haben. Ein Lastwagen wartet mit laufendem Motor am Waldrand, auf seiner Ladefläche erkennt Fritz die junge Schwarzwieserin. Mehrere zivile Fahrzeuge rollen aus dem Wald und halten kurz vor der Böschung, an der das Gros der Toten aufgereiht liegt. Zwischen den Körpern erkennt Fritz auch ein Beinpaar, der restliche Körper ab dem Becken aufwärts fehlt. Die dunklen und auffällig sauberen Wehrmachtsstiefel an den körperlosen Füßen glänzen in der Sonne. Der Lastwagen mit der Schwarzwiesertochter rollt in den Schatten der Bäume, kurz darauf ist er außer Sicht. Türen werden geöffnet und wieder zugeschlagen. Fritz erkennt den Aßlinger Bürgermeister. Aus dem Wagen dahinter steigt ein Mann aus, dessen Gesicht er aus der Zeitung kennt: der Ebersberger Landrat Eugen Mayer. Vom alten Halpersinger hat Fritz das Gerücht gehört, dass Mayer Halbjude sei und sich während dem Krieg eine Zeit lang in Aßling versteckt hat. Dem Landrat folgt ein Mann, der einen dunklen Hut trägt und sich ein weißes Taschentuch vor Mund und Nase hält.

Fritz beobachtet von seiner erhöhten Position, wie sich nach und nach eine kleine Gruppe um die Neuankömmlinge bildet, darunter einige Amerikaner, ein Offizier des technischen Bataillons sowie der alte Schlesak. Jetzt gesellt sich auch der Hainzinger zu der Gruppe, die sich noch nicht von der Stelle bewegt hat. Arme zeigen hierhin und dorthin, Hände werden in Hüften gestemmt, Schweißperlen von Stirnen getupft.

Wenn ihr euch mit den Toten nicht beeilt, riecht man das hier bald auch im Landratsamt in Ebersberg, geht es Fritz durch den Kopf. Da hört er hinter sich ein Geräusch und dreht sich um. Otto hat die Augen geöffnet.

»Wasser.« Es klingt wie ein Krächzen.

Als er von einem der Sanitäter am Bahnwärterhäuschen eine halbvolle Feldflasche gereicht bekommt, sieht Fritz etwas, das ihn innehalten lässt: Zwischen den zersplitterten Waggons klettert der Bub. Was, zum Teufel, macht der hier? Kurz muss Fritz an den Bichlerstall denken, an das hasserfüllte Gesicht über ihm. Unwillkürlich fahren seine Finger über seine aufgeplatzten Lippen. Seine Augen folgen dem Bub. Ab und zu taucht der zwischen den Trümmern ab. Wenn er wieder zum Vorschein kommt, hält er einen Gegenstand in der Hand, den er sorgfältig in einen Rucksack legt, den er hinter sich herzieht. Fritz beobachtet ihn, bis der Bub hinter einem verbogenen Blechdach aus seinem Blickfeld verschwindet. Kurz überlegt Fritz, ob er ihn ansprechen soll, ob er ihn wegschicken soll von diesem Ort. Dann drängt er den Gedanken beiseite. Er kann sich jetzt nicht um den Bub kümmern.

Als Fritz auf dem Rückweg an den diskutierenden Männern vorbeikommt, bleibt er stehen.

»Die Toten müssen hier weg.« Fritz deutet nach oben in die ungefähre Richtung, aus der die grelle Sonne auf den Bahndamm brennt. »Kälter wirds nicht werden.«

Die Debatte verstummt. Die Blicke der Männer richten sich auf Fritz.

»Unser Viechdoktor«, sagt der Aßlinger Bürgmeister an die Umstehenden gewandt.

»Is der Erste an der Unfallstelle gwesen«, ergänzt der Hainzinger und wirft Fritz einen eindringlichen Blick zu. »Ein paar von den Verletzten hamm ihm gwiss des Leben zu verdanken.«

»Die Leichen müssen eingesargt werden.« Fritz hat Otto und die Feldflasche in seiner Hand vergessen. »Die liegen schon seit Stunden in der Sonne.«

»Ach geh, dass wir da nicht selber draufgekommen sind.« Der Begleiter des Landrats hat sich das Taschentuch vom Mund genommen, um ein spöttisches Lächeln preiszugeben. Schnell hält er es sich wieder unter die Nase und fügt hinzu: »Und wo sollen wir auf die Schnelle so viele Särge hernehmen?« Die Worte klingen durch den Stoff des Taschentuchs gedämpft.

Fritz spürt, wie die Finger seiner freien Hand sich zur Faust ballen. Dann zuckt er die Schultern. Sein Blick trifft den vom Hainzinger, der beide Augenbrauen hebt. Da fällt ihm die Flasche in seiner Hand ein. Er dreht sich um und geht.

Vorsichtig hält Fritz die Feldflasche an Ottos Lippen. Trotzdem fließt mehr Wasser auf dessen nackten Oberkörper als in den Mund. Otto schluckt mit geschlossenen Augen und sichtlichen Schmerzen. Dann nimmt Fritz einen großen Schluck aus der Flasche. Das Wasser ist muffig und lauwarm und das beste Wasser, das Fritz je getrunken hat. Wann hat er das letzte Mal getrunken? Und gegessen? Das muss gestern gewesen sein. Noch bevor er bei der Bichlerin gewesen ist. Fritz sieht das Blut auf dem Stallboden vor seinem inneren Auge. So viel Blut. Und den Hass in Pauls Augen. Er räuspert sich.

»Woher kommen Sie, Otto?«

Otto öffnet die Augen. »Fröndenberg.« Als Fritz nichts darauf erwidert, fügt er hinzu: »Ruhrgebiet.«

Plötzlich hallt ein lauter, klagender Signalton über den Bahndamm. Ein Ruck geht durch die noch intakten Waggons und mit einem langgezogenen Quietschen setzt sich der vordere Zug langsam in Bewegung.

Ottos Augen sind schreckgeweitet, auf seinem Gesicht zeigt sich blankes Entsetzen.

»Nein«, flüstert er leise. »Nein, nein, nein …«

Fritz wendet sich ihm zu.

»Ich … ich muss da mit«, stammelt Otto. Seine Augen irren umher, sein Körper spannt sich an, als wolle er sich aufrichten. Ein Schmerzenslaut entfährt seinem verzogenen Mund.

»Ruhig«, beschwichtigt Fritz und drückt ihn sanft zurück.

Otto versucht, gegen Fritz' Hand anzukämpfen. Panik spricht aus seinem wilden Blick. »Meine Familie … ich muss doch …« Ein dünnes Bächlein Blut bahnt sich seinen Weg aus dem Mundwinkel. Am Kinn vermischt es sich mit den Tränen, die über Ottos Wangen strömen.

»Sie haben Kinder?« Fritz muss ihn ablenken. Der Zug nimmt langsam Fahrt auf und rollt aus dem Blickfeld. »Wie viele?«

Otto blickt Fritz flehentlich ins Gesicht. »Einen Sohn. Ernst.« Die Tränen ziehen dicke Furchen durch den Staub auf Ottos Gesicht. »Ich muss doch nach Hause …«

Da fällt Fritz etwas ein. »Ich hab auch einen Sohn. Paul.« Er steht auf und ruft. »Paul, komm her!«

✦

Der Mann, der vor Paul auf dem Waldboden sitzt, schaut gar nicht aus wie ein Held. Alle Männer, die für Führer, Volk und Vaterland kämpfen, sind Helden. Das hat der Plöchinger gesagt. Wieder und immer wieder hat er das gesagt. Paul mag den Plöchinger nicht. Aber wer seine Heimat beschützt und die Frauen und die Kinder, der ist ein Held. Das leuchtet Paul ein. Der Mann vor ihm ist ein Soldat, das sieht er an der kaputten Uniform, die neben dem Mann auf dem Moos liegt. Aber ein Held? Sicher hat er irgendwo gekämpft und irgendwen beschützt. Also muss er ein Held sein. Aber er schaut elend aus, der Mann. Irgendwie verschlissen und verfallen. Und die dunklen Flecken überall. Als wäre er krank. Können Helden krank werden? Im Kampf getötet, das schon. Aber so blau und elend und krank?

»Ich muss wieder runter«, sagt sein Vater und wirft einen Blick auf den Soldaten. Dann wendet er sich an Paul: »Bleib hier. Red mit ihm. Halt ihn wach.«

Stumm mustert Paul den Mann, dessen nackte Brust sich kaum merklich hebt und senkt.

»Er heißt Otto«, hört er seinen Vater aus einiger Entfernung noch rufen.

Dann ist es still. Paul und der Mann, der Otto heißt, sind allein. Es ist heiß. Die Augen des Soldaten sind geschlossen. Licht und Schatten flirren über das stille Gesicht. Paul kratzt sich am Hals und fragt sich, ob der Mann überhaupt wach ist.

»Ich heiße Paul.«

Der Mann vor ihm rührt sich nicht. Paul weiß nicht, was er sonst noch sagen soll. Wie geht das, einfach mit jemandem reden? Er kennt den Mann ja gar nicht. Er weiß nichts über ihn. Außer, dass er Otto heißt. Vielleicht hat sein Vater das aber auch einfach nur so gesagt und der Mann heißt in Wirklichkeit ganz anders?

»Otto.« Die Stimme des Soldaten ist so leise, das Paul sich zuerst nicht sicher ist, ob er wirklich etwas gehört hat. Aber dann sieht er, dass die Augen des Mannes leicht geöffnet sind und ihn anschauen. Paul nickt zögernd.

»Ich kann das nicht so«, sagt Paul und schaut auf seine nackten Zehen. »Reden. Einfach so.«

Der Soldat gibt ein kratzendes Geräusch von sich. Lacht er etwa? Das Geräusch geht in ein Husten über, der Mann verzieht das Gesicht zu einer Grimasse. Aus seinem Mundwinkel hängt jetzt ein Speichelfaden, er schillert rötlich. Paul muss an die Schusser vom dicken Wast denken. An die Blechkiste. An den Arm auf seinem Schoß. An die Kiste. An den Arm. An den Arm. Paul holt sich gewaltsam zurück ins Hier und Jetzt. Der Wald. Der Zug. Der Mann. Der Mann, der Otto heißt und mit dem Rücken an einen Baum gelehnt dasitzt und etwas zu sagen versucht. Paul geht in die Hocke, um besser hören zu können.

»Briefe. Mantel.«

Die Worte klingen heiser und gepresst, aber Paul ist sich sicher, dass er richtig gehört hat. Er tastet nach dem Mantel, der neben dem Soldaten zwischen den Zweigen liegt. Paul schlägt den groben Stoff zurück, braune Nadeln rieseln auf das Moos. Die Briefe stecken in der Innentasche, sie sehen abgegriffen aus. Vorsichtig zieht Paul das Bündel hervor, dabei rutscht eine wellige Fotografie aus dem Stapel und landet geräuschlos im Moos. Paul blickt in das Gesicht einer Frau mit blonden, kunstvoll geflochtenen Haaren, auf ihren Lippen spielt ein leises Lächeln. An ihrer Hand hält sie einen kleinen Jungen mit hellen Haaren und dunklen Augen. Er trägt einen zu großen Anzug und schaut ernst in die Kamera. Paul schätzt ihn auf sechs oder sieben Jahre. Im Hintergrund ist ein kleines Haus zu sehen, im Garten blühen Blumen, ein großer Strauch wächst da, die Straße führt links aus dem Bild ins Unbekannte. Dann faltet Paul einen der Zettel auseinander. Das Blatt ist auf beiden Seiten beschrieben, bis ganz hinunter ins letzte Eck. Die Schrift ist eng und ein wenig krumm und strebt mal nach oben, dann wieder nach unten. An den Rand der Rückseite gequetscht, zieht eine Zeile geschwungener, ja eleganter Buchstaben Pauls Aufmerksamkeit auf sich. Er muss das Blatt drehen, um sie lesen zu können. *Viele herzliche Grüße und innige Küsse von Deiner Dich liebenden Käthe*, steht da. Er schaut auf und sein Blick trifft den des Soldaten. Der nickt sacht. Paul wendet den Zettel und lässt sich neben Otto ins Moos nieder. Mit ruhiger Stimme beginnt er zu lesen.

Lieber Papa, die herzlichsten Grüße sendet dir dein Ernst. Wie geht es dir denn. Gestern Nacht hatten wir wieder Bomben. 8 oder 9 Stück. Aber sie sind drüben auf der anderen Seite vom Wasser nieder. Bei uns ist nichts gewesen. Gott sei gedankt. Ja bald haben wir dann Ostern und vielleicht kommt auch der Osterhase. Gibt es bei dir auch 1 Osterhasen. Leider kannst du nicht bei uns sein. Das ist schade. Schule ist immer noch nicht. Es wird wohl noch mehr Ferien geben. In der Zeitung heißt es so. Mama sagt weil wir so oft in den Keller müssen deshalb wird es noch mehr Ferien geben. Das wäre fein. Lotte Fries ihr Bräutigam ist gefallen. Der war bei den Fliegern. So 1 Großer Dünner aus dem Turnerverein. Vielleicht kennst du den. Und Dina hat sich tüchtig den Magen verdorben. Sie ist ganz grün gewesen im Gesicht und hat sehr arm getan. Wir mussten sehr lachen. Aber sie hat es nicht gefreut. Du aber hättest auch lachen müssen Papa. Sie ist beinahe so grün wie 1 Frosch gewesen. Frau Jarisch …

✦

… hat uns Reibekuchen von frischen Kartoffeln gebracht. Und auch 2 Stück Honigkuchen. Frau Jarisch backt ihn selbst.

Ja, die Jarisch. Genauso breit wie tief wie hoch. Eine Kastenfrau und eine Seele von Mensch. Otto kann beinahe die Honigkuchen auf der Zunge schmecken. Die würzige Süße, den weichen, luftigen Teig.

Ich habe dir 1 Stück eingepackt. Das andere habe ich aufgegessen. Gestern ist auch Liese bei uns gewesen. Ich habe heiße Milch mit ihr getrunken. Sie hält den Becher mit beiden Händen. Wie 1 kleines Kind sagt Mama und das finde ich auch. Dabei ist sie schon 8.

Das Nachbarsmädchen kommt also immer noch zu Besuch. Dabei streiten die beiden Kinder doch nur. Zumindest hat es Otto so in Erinnerung. Oder hat Käthe ihm das geschrieben?

Ich habe ihr 1 von den Fliegern geschenkt die Onkel Karl mitgebracht hat aus Köln.

Karl. Wie es dem wohl geht? Den hab ich ewig nicht gesehen. Muss ihn mal besuchen, ja, das wär doch was.

Aber sie hat ihn nicht haben wollen.

Ob der Karl noch immer mit der vom Lebensmittelladen, wie hieß die noch gleich? So eine Dralle, muss ich Käthe fragen, die merkt sich so was.

Also habe ich den Flieger wieder genommen. Es ist wohl besser wenn er hierbleibt der Flieger weil hier sind ja auch die anderen Flieger. Gibt es bei dir Flieger.

Wenn du wüsstest! Flieger über Flieger über Flieger. Ein riesiger Flugzeugfriedhof. Sogar einen von den neuen Strahljägern hab ich gesehen. Geheimwaffe vom Führer. Ha!

Wenn du wieder bei uns bist gehst du mit mir zum Flugplatz. Bitte. Dann können wir den Fliegern zuschauen. Das wäre fein.

Der Flugplatz. Das Erdloch. Der Junge liebt den Flugplatz. Wie oft sind wir schon zusammen dort gewesen, vor dem Krieg? Oft. Die Plane. Auf dem Nachhauseweg noch schnell bei Frombergs vorbei,

Kaffee für Käthe, Printen für den Jungen. Und auch für Heinrich. Heinrich, komm, da am Ende der Straße ist schon das Haus, der Garten duftet bis hier.

Jetzt ist das Papier bald aus …

Die Sonne auf der Haut, das fühlt sich schön an. Und überhaupt: Die Blätter, das Spiel von Licht und Schatten, man könnte glatt Romantiker werden. Hier riecht es nach Beeren. Ja, ganz sicher. Süß und erdig und lebendig.

… und ich will dich noch grüßen und Dina …

Das Moos unter den Fingern, es ist weich und noch ein bisschen feucht. Jetzt mit bloßen Füßen über das Moos laufen! Da, eine Fliege. Ganz schön dick. Wie die summt! Wie eine Messerschmitt. Jetzt landet sie auf meinem Mantel. Die schillert ja. Blau auf grau. Schön. Und schon ist sie wieder weg. Recht hat sie. Ich muss ja auch weiter. Verrückt, wie laut die summt. Kann sie immer noch hören.

… und Frau Jarisch …

Wie groß der Junge geworden ist! Nur die Haare. Die sind irgendwie dunkler. Kann das sein? Bin wohl zu lange weg gewesen. Komm Ernst, wir müssen heim zur Mama. Die wartet doch auf den Kaffee.

… lassen dich auch grüßen.

Mann, das Gartentor quietscht ja immer noch. Muss ich mich morgen drum kümmern. Da hinten ist Käthe. Hat mich noch nicht bemerkt. Das gibt eine Überraschung! Und der Junge? War der nicht eben noch? Da sitzt er ja. Auf der Bank unter dem Holunder. Liest. Liest Käthe vor. Wahrscheinlich Seeräubergeschichten. Ha, sehr gut. So hören sie mich nicht kommen.

Bis bald. Dein Ernst

Ernst. Du wirst Augen machen! Warte nur, Ernst, bis du den Hund

ZEHN STUNDEN ZUVOR

Zuerst waren die Vorderbeine des Kalbs aufgetaucht. Wie schleimige Äste waren sie hinten aus der liegenden Kuh herausgewachsen. Dann hatte die Kuh die Augen verdreht und gestöhnt und es war nichts mehr weitergegangen. Elisabeth hatte einen Strick um die Beine gebunden und zusammen mit der alten Zovko und Paul am Kalb gezerrt. Paul hatte Angst gehabt, dass die dünnen Beinchen abreißen würden. Aber sie waren nicht abgerissen. Stattdessen hatte sich nach und nach ein großer, schleimiger Kopf aus der vor Schmerz brüllenden Kuh geschält. Dann war endgültig Schluss gewesen. Nichts war mehr gegangen, weder vor noch zurück.

Als Matthias mit dem Viechdoktor zurückkommt, sieht Paul die Überraschung im Gesicht von seinem Tatta. Seinen Sohn hier auf dem Bichlerhof zu sehen, damit hat er offenbar nicht gerechnet. Aber der Doktor fragt nicht, was Paul hier macht. Und niemand fragt den Doktor nach den Blessuren in seinem geschwollenen Gesicht.

»Es geht nix mehr weiter.« Die Bichlerin fährt sich mit ihrer Schürze über das gerötete Gesicht. Mit der anderen Hand hält sie den Kälberstrick.

»Hörts auf zu ziehen«, sagt Pauls Tatta und geht vor der Kuh in die Hocke.

Elisabeth, Paul und die alte Zovko lassen den Strick los. Das Kalb rutscht ein kleines Stück in die ächzende Kuh zurück.

»Hol einen Kübel Wasser und ein Stück Schmierseife«, herrscht der Doktor die alte Frau an. Die Augen der Zovko verengen sich zu schmalen Schlitzen, dann wirft sie der Bichlerin einen Blick zu. Paul sieht, wie Elisabeth der Älteren zunickt.

Als der Eimer vor ihm steht, taucht Pauls Tatta seine Hände hinein und reibt sie anschließend mit Schmierseife ein. Dann lässt er seinen Arm zwischen dem halbgeborenen Kalb und der Scheidenwand in das zitternde Muttertier gleiten. Paul versucht sich vorzustellen, wie es sich im Bauch der Kuh anfühlt, aber es gelingt ihm nicht. Es dauert nicht lange, da zieht sein Tatta die Hand heraus und taucht sie in den Eimer.

»Das Kalb hat einen Wasserbauch.« Er wischt sich Hand und Arm am Kittel trocken. »So kriegen wir es nicht raus.«

»Wie meinst des?«, fragt Elisabeth.

»Der Bauch ist so aufgebläht, der kommt nicht durch«, entgegnet Pauls Tatta. Und als die Bäuerin nur die Stirn runzelt, schiebt er nach: »Fass selber rein.«

Die Bichlerin taucht ihre Hand ebenfalls ins Wasser und reibt sie mit Seife ein. Dann quetscht sie die Hand an derselben Stelle in die Kuh wie zuvor der Doktor. Paul sieht, dass sie sich mehr abmühen muss wie sein Tatta. Ihr Arm verschwindet bis zur Schulter im Bauch des Tieres. Als er mit einem feuchten Schmatzen wieder zum Vorschein kommt, nickt Elisabeth nachdenklich.

»Und was willst jetzt machen?« Die Frage kommt von Matthias, der neben Elisabeth steht und die Kuh mustert, als könne er in sie hineinschauen. »Kannst den Wasserbauch ja schlecht aufstechen wie einen Ballon.«

Pauls Tatta zuckt nur mit den Schultern, als wolle er sagen: Warum nicht?

»Das ist nicht dein Ernst?«, fragt Matthias ungläubig. Paul schaut zwischen seinem Tatta und dem Knecht hin und her.

»Das Kalb überlebts eh nicht. Und die Kuh kann nicht mehr lang. Die ist erschöpft vom Pressen und Ziehen.« Der Viechdoktor wirft einen kurzen Blick in die Richtung, in der Paul und die alte Zovko stehen. »Am Ende stirbt uns die auch noch weg.« Er macht eine kurze Pause, dann fährt er fort: »Ich könnt den Wasserbauch schon aufschneiden. Aber dann fließt alles, was drin ist, in den Bauch von der Kuh. Dann verlieren wir beide.«

»Gibts nicht noch eine andere Möglichkeit?« Pauls Frage steht eine Weile in der drückenden Stallluft. Es ist das erste Mal, dass er den Mund aufmacht, seit sein Tatta im Stall ist. Elisabeth, die neben dem Eimer in

die Hocke gegangen ist und Schleim und Blut von ihrem Arm wäscht, blickt zum Doktor hinauf.

»Kann schon sein«, sagt der und kratzt sich am Bart. Seinen Sohn schaut er dabei nicht an.

Pauls ganzer Körper ist angespannt wie die Sehne von einem Indianerbogen, als er zuschaut, wie der Schlauch im Maul des Kalbs verschwindet. Nachdem der Doktor seinen Vorschlag erklärt hatte, war Matthias losgezogen und kurz darauf mit dem alten Schlauch zurückgekehrt. Die Zovko hatte nur stumm den Kopf geschüttelt.

Das Kalb gibt keinen Ton von sich, als sein Tatta den Schlauch immer weiter in das Tier drückt. Paul kann kaum hinsehen, so sehr schmerzt ihn das, was da vor ihm passiert. Er kann seinen Blick aber auch nicht abwenden. Der Schlauch gleitet in den Rachen des Kalbs, tiefer und tiefer hinein in das dunkle Halbleben. Sein Tatta ist konzentriert, Paul kann den Schweiß auf der Stirn unter dem dichten, dunklen Haar sehen. Paul weiß, dass der Schlauch durch die Speiseröhre muss und dann in den Magen. Sein Tatta hat es vorher erklärt. Und Paul hat sich jedes Wort gemerkt.

Jetzt setzt der Doktor kurz ab. Er wischt sich mit dem Handrücken den Schweiß von der Stirn und atmet geräuschvoll ein. Dann stößt er mit einem kräftigen Ruck das Ende des Schlauchs durch die Magenwand und hinein in die Bauchhöhle. Ein paar Herzschläge vergehen, dann beginnt eine von roten Schlieren durchzogene Flüssigkeit aus dem Schlauchende zu tropfen. Schnell verliert das Wasser seine rote Färbung und quillt jetzt als gelbliches Rinnsal auf den Stallboden. Paul sieht, wie sich das Gesicht seines Tattas ein wenig entspannt. Der Geruch von Urin und Blut steigt ihm in die Nase. Doch plötzlich stockt der Ausfluss. Paul hält den Atem an. Sein Tatta dreht vorsichtig am Schlauch, schiebt ihn vor und zurück, bis die Flüssigkeit wieder aus der Öffnung quillt. Paul atmet erleichtert aus.

Die Zeit um Paul herum scheint sich zu dehnen. Das alles hat etwas Unwirkliches: vor ihm die groteske Kreatur, die nicht mehr ein, aber auch noch nicht zwei Wesen ist. Matthias, Elisabeth, die alte Zovko, sein Tatta. Der Schlauch, der das Wasser im Bauch des Kalbs in kleinen Schwallen durch seinen dunklen, runden Mund nach draußen spuckt. Das Rufen der Kühe. Die Fliegen, die unablässig summend auf Mensch, Tier und Kot landen. Dem Rinnsal nach zu urteilen, das sich am Stallboden langsam mit Stroh und Mist vermischt, dürften mindestens zwei große Eimer von der gelblichen Flüssigkeit aus dem Inneren des Kalbs nach draußen gelaufen sein, schätzt Paul. Dann ist es die Stimme seines Tattas, die das stumme Warten beendet.

»Jetzt probieren wirs noch mal.«

Mit vereinten Kräften ziehen Elisabeth, die alte Zovko und Paul am Kälberstrick. Matthias und der Doktor ziehen vorne an den Beinen des Kalbs. Das rasende Brüllen der Kuh treibt Paul die Tränen in die Augen. Doch dann gibt das Seil nach, Paul landet auf dem Hintern und auf ihm die Zovko. Feucht klatscht das Kalb auf den dreckigen Boden, wo es reglos liegen bleibt. Um das Tier herum breitet sich schnell eine schleimige Pfütze aus. Paul sieht, wie die Lider über den halbgeschlossenen Augen des Kalbs fast unmerklich zittern. Sein übergroßer Bauch liegt in schweren Falten daneben. Es sieht beinahe komisch aus. Wie ein Ball, dem man die Luft ausgelassen hat, geht es Paul durch den Kopf. Aus dem Schlauch, der aus dem Schlund des Tieres ragt, sickert immer noch das gelbe Wasser. Sein Tatta kniet neben dem Kalb im Dreck.

»Lebt es?«, flüstert Paul zu niemand Bestimmtem.

Eine Hand legt sich auf seine Schulter.

»Ja«, sagt Elisabeth. »Aber es werd sterben. Mit einem Loch im Magen kanns ned leben.«

Das Kalb öffnet die Augen. Paul sieht die Angst, die darin tanzt. Vielleicht ist es aber auch nur das Licht, das sich in den großen, glasigen Kugeln spiegelt, die wild in alle Richtungen rollen. Jetzt kann Paul erkennen, wie sich der Bauch des in die Welt gezwungenen Wesens hebt und senkt. Das Kalb gibt ein Röcheln von sich und würgt. Mit einem Satz ist Paul neben dem Tier und zieht den Schlauch aus seinem Rachen. Das verärgerte Geräusch, mit dem sein Tatta die Luft zwischen den Zähnen einsaugt, nimmt er nicht wahr. Es dauert ein paar Sekunden, bis das schleimige Ende des Schlauchs zum Vorschein kommt. Paul wirft es achtlos auf den Stallboden. Ein schwaches Blöken entringt sich dem halb geöffneten Maul, es vermischt sich mit dem Brüllen der Kuh. In Pauls Ohren klingt es fast menschlich.

»Scheiße!«, hört Paul seinen Tatta fluchen.

Jetzt erst bemerkt er die Hektik um sich herum und blickt auf. Die Erwachsenen hantieren am Hinterteil der Kuh, aus dem dunkle Wogen schwallen.

»Wo kommt das ganze Blut her?« Die Stimme von Matthias klingt nervös.

»Aus der Arterie in der Scheide. Die muss gerissen sein, als wir das Kalb rausgezogen haben.«

Pauls Tatta versucht fieberhaft, den pulsierenden Strom mit bloßen Händen zu stoppen. Seine Finger wühlen in den dunkel glänzenden Hautlappen. Jetzt kann Paul die Ader erkennen. Wie ein zuckender Wurm taucht sie kurz zwischen Blut und Fleisch auf, um gleich darauf in der Hand des Doktors zu verschwinden. Der Blutfluss wird ein wenig schwächer.

»Ich kann sie nicht lang zuhalten«, ruft sein Tatta über die Schulter. »Ich brauch einen Zwirn. Und eine Schusternadel.«

Matthias und die alte Zovko eilen aus dem Stall. Da entwindet sich der glitschige Wurm den Fingern und fährt fort, das Blut in dicken Wellen aus dem vor Angst und Schmerz röhrenden Tier zu pumpen.

»Verdammt, verdammt«, schreit sein Vater und schaut sich mit wildem Blick im Stall um. »Schnell, hol mir eine Decke, ein Bettlaken, irgendwas«, beschwört er Elisabeth, die sofort losstürmt. »Beeil dich!«, ruft er ihr hinterher, bevor er sich an Paul wendet. »Komm her!«

Zögernd tritt Paul näher.

»Such die Arterie. Drück fest zu und lass nicht mehr los.«

Paul blickt auf die blutige Öffnung vor ihm. Der Gestank um ihn herum ist bestialisch. Blut, Urin, Kot, die Gerüche vermischen sich zu ei-

nem beißenden Nebel. Vorsichtig streckt er die Finger aus. Sie zittern. Nein, nein, halt still, bitte. Paul verflucht seine bebende Hand. Als er das warme, nasse Fleisch berührt, muss er würgen. Ohne dass er es zurückhalten kann, ergießt sich ein brockiger Strahl aus seinem Hals in das schleimige Gemisch zu seinen Füßen.

»Herrgottnochmal!« Der Doktor ist herumgefahren und stößt Paul grob zur Seite. »Zu was bist du überhaupt gut?«

In diesem Moment erscheint Elisabeth, auf dem Arm hat sie ein hastig zusammengerafftes Bündel farbiger Stoffe. Paul kann goldene Zierborten erkennen. Sein Tatta reißt der Bäuerin die Kleider aus der Hand und beginnt, sie zu einem festen Bündel zu rollen. Hastig taucht er es in den Eimer mit dem seifigen Wasser und schiebt es unsanft in die Scheide der ächzenden Kuh. Sofort beginnt sich der Stoff dunkel zu verfärben. Nach kurzer Zeit ist die Rolle vollständig durchgeweicht, das Blut tropft aus dem Stoff.

»Scheiße, scheiße, scheiße!«

Pauls Tatta greift sich in den Bart, ohne darauf zu achten, dass seine Finger dort schleimige Fäden hinterlassen. Seine Hand taucht wieder in die Masse aus Blut, Stoff und Fleisch, die Verbissenheit verzerrt ihm das Gesicht.

Erst kann Paul es noch nicht benennen. Aber dann ist die Veränderung ganz deutlich, die mit dem großen Tier vor sich geht, das da vor ihm auf dem Stallboden liegt. Das rosarote Maul der Kuh wird blass, ihr Euter weiß wie Porzellan. Ihre Augen sind weit geöffnet und stieren an die schmutzige Stallwand, ihr Weiß scheint regelrecht zu leuchten. Ohne zu wissen, warum, kniet Paul sich hin und streckt die Hand aus. Er spürt, wie die Kälte unter Haaren und Haut durch das schwere Tier kriecht. Er legt seinen Handrücken gegen das weiße Euter, es ist ganz kalt. Seine Finger gleiten über den Kopf der Kuh. Die Augen sind tief in ihre Höhlen gesunken. Die Ohren zucken nicht mehr, die Fliegen krabbeln ungestört in die Öffnungen hinein. Da dringt ein dumpfes Stöhnen tief aus dem Inneren des Tiers. Paul meint, ein Schaudern zu spüren, das den massigen Körper durchläuft. Zärtlich streichelt er den vor ihm liegenden Kadaver und weint leise.

»Scheiße«, brüllt Pauls Tatta in den Stall. Er ist aufgestanden und starrt auf die leblose Kreatur herab. Keiner der Umstehenden sagt etwas. Paul hört, wie der Atem seines Tattas in schweren Stößen geht, er kann die Wut in seinen Augen sehen. Und dann hört er noch etwas. Aus dem Kalb, das neben seiner toten Mutter auf dem Stallboden liegt, dringt ein schwaches Röcheln. Der Viechdoktor fährt herum, als würde er aus einem Traum erwachen. Mit schnellen Schritten ist er aus Pauls Blickfeld, um gleich darauf wieder über dem Kalb aufzutauchen. In seiner Hand hält er ein großes Beil. Noch bevor die Erkenntnis bis auf den Grund von Pauls Bewusstsein sickern kann, holt sein Tatta mit einer schwungvollen Bewegung aus und lässt das Beil mit dem stumpfen Ende auf den Kopf des Kalbs niederfahren. Ein feuchtes Knacken ertönt. Doch das Kalb stöhnt noch immer. Wieder muss Paul würgen. Aber sein Magen ist leer.

»Scheiße! Scheiße! Scheiße!« Mit jedem Brüllen klatscht das schwere Eisen in die Masse aus Blut, Knochen und Hirn. Das Gesicht seines Tattas ist eine wutdurchtobte Fratze.

»Hör auf!« Paul ist jetzt aufgestanden und macht einen Schritt auf seinen Tatta zu.

Der fährt herum und starrt Paul mit irrem Blick an. »Halts Maul, du Viech«, brüllt er und hebt drohend das Beil.

»Hör auf!« Der Schrei, mit dem sich Paul auf den Mann wirft, ist nur ein heiseres Krächzen. Sein dünner Körper kracht in die Seite des stämmigen Erwachsenen. Zusammen taumeln sie ein paar Meter über den schlüpfrigen Stallboden, bevor der Mann das Gleichgewicht verliert und Paul mit sich reißt. Das Beil rutscht über den Boden und bleibt mit seinem blutigen Kopf im Stroh liegen. Paul rollt sich ab, kommt auf die Beine und wirft sich brüllend auf die Gestalt unter ihm.

»Hör auf! Hör auf! Hör auf!« Seine Fäuste trommeln im Rhythmus der Schreie auf die Brust des am Boden Liegenden. Dann trifft seine Faust in das Gesicht unter ihm. Das Blut, das aus der Nase schießt,

macht Paul nur noch rasender. In blinder Wut drischt er auf die verschleierte Grimasse ein, aus seinem Mund heulen tierische Laute der Wut und Verzweiflung. Plötzlich schlingen sich starke Arme um seine Brust und ziehen ihn herunter von dem Körper. Paul schlägt um sich, er tritt mit aller Kraft und versucht sich aus der Umklammerung zu befreien. In seiner Raserei lässt er die Zähne in das Fleisch des ihn haltenden Arms fahren, da ist er frei und davon und bricht hinaus in das Licht der Sommerwelt und rennt und rennt und rennt.

✧

Fritz wischt sich Blut und Schleim an seinem Kittel ab. Sein Schädel dröhnt, seine Nase schmerzt. Er schaut auf die beiden leblosen Körper auf dem Stallboden, der mittlerweile zu großen Teilen von Blut bedeckt ist. Im Gegensatz zur sommerlichen Hitze draußen, ist es im Stall schummrig und kühl. Er hört das leise Summen der Fliegen. In seinem Inneren tobt es. Wie ein tollwütiges Tier wirft sich der Zorn gegen die Rippen, will hinaus aus seinem Gefängnis, will jemandem Schmerzen zufügen.

»Marra, sei ned bös auf den Bub.« Die Bichlerin hat ihm eine Hand auf den Unterarm gelegt.

Fritz schüttelt sie unsanft ab. »Du halt dich da raus«, faucht er die Bäuerin an. »Ich bin zu meinem Sohn, wies mir passt.«

Die Bichlerin schaut ihn mit unbewegter Miene an und sagt nichts.

Das Blut, das beinahe die komplette Vorderseite seines Kittels durchtränkt hat, ist mittlerweile getrocknet. Fritz reißt sich den starren Stoff herunter und wirft ihn in den Fluss, als er über die Attelbrücke geht. Hinter ihm liegt der Hügel, von dem aus der Bichlerhof das Tal überblickt. Vor ihm liegt das Dorf. Er schaut hinab ins Wasser, wo sich der Kittel langsam entfaltet und träge kreisend Fahrt aufnimmt. Die Ärmel sind ausgebreitet wie bei einem Kind, das mit ausgereckten Armen einen Engel in den Schnee zeichnet.

Vielleicht hat die Bichlerin Recht. Vielleicht hätte er nicht so grob sein dürfen, sich besser beherrschen müssen. Aber es war alles so schnell gegangen. So schnell und so schief. Und mittendrin der Bub. Was, verdammt, hatte der Bub auf dem Hof zu suchen? Seine Anwesenheit war wie ein Stachel in Fritz' Fleisch gewesen. Seine Unbeholfenheit, seine Weichheit, sein Zaudern – das alles macht ihn rasend. Wie will er in dieser Welt bestehen, wenn er so weich ist? Ich werd nicht immer auf ihn aufpassen können, denkt Fritz grimmig. Ich wills auch gar nicht. Warum hat Maria ihm den Bub dagelassen? Wie einfach hätte alles sein können, wenn er allein aufgebrochen wäre? In ihm brodelt eine heiße Wut auf die Welt, auf seine Frau, auf seinen Sohn. Der Bub ist nichts als ein Klotz am Bein. Dass sie ihm den Bub aufgehalst hat, das war Marias letzte Rache an ihm. Ihre Rache, weil er sich für Deutschland entschieden hatte.

Nein, nein, das darf er nicht denken! Fritz presst sich die Handballen auf die zusammengekniffenen Augen. Was bin ich denn noch wert, wenn der Bub auch fort wär? Sofort sucht sich seine Wut ein neues Ziel. Fritz schlägt sich mit beiden Fäusten gegen die Schläfen. Hör auf, hör auf! Doch seine wirbelnden Gedanken kommen nicht zur Ruhe.

Fritz öffnet die Augen und blickt wieder hinab ins Wasser. Nein, mit dieser Reaktion hat er nicht gerechnet. Er sieht das wutverzerrte Gesicht seines Sohns, sieht seine kleinen Fäuste niedergehen. Fritz tastet nach seiner schmerzenden Nase. Sein Kittel hat sich ein paar Meter weiter flussabwärts im Gestrüpp verhakt, das auf beiden Seiten am Ufer wuchert. Du musst mit ihm reden, dich bei ihm entschuldigen. Geh heim und sag ihm, dass es dir leidtut. Fritz blickt hinüber zum Dorf. Die Umrisse der Höfe flirren in der heißen Luft über den Feldern. Es wird ein Gewitter geben, denkt Fritz, als er die Wolken sieht, die sich im Westen dunkel über dem Bahnberg zusammenschieben. Kurz flackert das Bild von Flugzeugen hinter einer schwarzen Rauchsäule vor seinem inneren Auge auf. Fritz schüttelt es ab und macht sich auf den Weg.

Das Fenster des Gartenhauses ist dunkel, die Tür geschlossen. Und doch weiß Fritz, dass der Bub im Haus ist. Es ist, als ob eine unsichtbare Präsenz um das kleine Holzhaus wabert. Fritz steht vor der Tür. Er zögert. Seine Hand hat er halb ausgestreckt, um den Türknauf zu greifen. Sie zittert leicht. Aus dem Haus dringt kein Laut. Wie soll er es angehen, was soll er sagen? Vom Dorfanger hört er Geschrei. Die Amerikaner spielen ihr verrücktes Spiel. Mit Stöcken dreschen sie auf einen Ball ein und rennen dann wie vom wilden Affen gebissen durch die Gegend. Fritz schüttelt den Kopf. Und von denen haben wir uns besiegen lassen. Über ihm hallt der erste Donnerschlag des Gewitters über das Dorf. Fritz zieht seine Hand zurück. Dann dreht er sich um und geht los.

Als er am Lagerhaus vorbeikommt, sieht er einen gedruckten Zettel an der Anschlagtafel. Der war heute Morgen noch nicht da. Fritz bleibt stehen und beginnt zu lesen:

Die Landplage
Unser Farb, die ist blau-weiß
Unser Feind, das ist der Preiß
Und auch der lästige Optant
Jeder will in unser Land
Ob aus Tirol, ob aus Berlin
Keiner hat Heil Hitler gschrien
Keiner war Parteigenosse
Haben jetzt die große Gosche
Sie sind frei von jeder Schuld
Buhlen um des Amis Huld
Ich war nicht in der Partei
So schallt durchs Land nun ihr Geschrei
Wo sind die Massen hingekrochen
Die damals stundenlang gesprochen
Die damals schrien in Berlin
In Brixen, Breslau und Stettin?
Der liebe Gott weiß es genau:

In Bayern sinds mit Kind und Frau
Und wird ein Bayer rausgeschmissen
Meldet sich gleich dienstbeflissen
Stets ein Schlesier oder Preiß
Der die Sache besser weiß
Bis wir mal die Ruh verliern
Und allesamt hinausbugsiern
Mit Pistole, mit Gewehr
Preißn und auch Itaker

Fritz liest das Gedicht nicht zu Ende. Er reißt den Zettel vom Brett. Mittlerweile hat es zu regnen begonnen. Blitze zerschneiden den Abendhimmel, gefolgt vom Krachen des Donners. Die Wolkenberge, die ins Tal drängen, haben die Dunkelheit mitgebracht. Fritz fühlt sich leicht, als er der Wut Tür und Tor öffnet. Dankbar flutet sie aus ihm heraus und zieht ihn hinter sich her. Seine Schritte sind schnell und zielstrebig. Fritz Marra drückt die schwere Eichentür vom Alten Wirt auf. Ein Dunst aus Bier, Schweiß und Tabakrauch dringt ihm entgegen.

EPILOG, 20. JULI 1945

Der Junge lässt seinen Blick über das Gelände schweifen. Das Grundstück, das Graf Rechberg zur Verfügung gestellt hat, steigt sanft zur kleinen Kirche von Oberelkofen hin an. Am unteren Ende türmt sich der Bahndamm steil über dem moosigen Grund. Zwischen Kirche und Gleisen stehen unter Linden und Kastanienbäumen die Trauergäste. Viele sind es nicht. Es ist glutheiß, als läge der Tag im Fieber. Satt und zäh klebt der Leichengeruch in der kleinen Senke.

Der Junge erinnert sich daran, wie man die Toten im Röllmoserhof eilig in ihre Särge gelegt hat. Erst wurden die Beine hineingehoben, dann der Oberkörper samt Kopf. Zuletzt noch die blecherne Erkennungsmarke dazu. Dazwischen haben die Männer immer wieder einen Schluck aus ihren Schnapsflaschen genommen. Wegen der Hitze. Und wegen dem Gestank.

Fliegen summen in dicken Wolken über der großen Grube, die zwischen zwei mächtigen Ulmen ausgehoben worden ist. Oberelkofen ist nicht weit vom Ort des Unglücks entfernt. Gestern erst hat der Junge gehört, wie die Buben gemault hatten, dass die Erwachsenen ihnen verboten hätten, zur Unfallstelle zu gehen. Dem Halpersingerquirin wurde sogar gedroht, dass er in den Keller gesperrt würde, wenn man ihn an den Gleisen erwische. In den Keller! Und das im Hochsommer! Die Entrüstung war groß gewesen und der Sollermartin hatte gleich gesagt, dass man sich das nicht gefallen lassen dürfe und dass man eine Mutprobe machen müsse. Vielleicht finde man noch einen Kopf oder so und das wäre doch das beste Abenteuer, das es in Aßling überhaupt nur geben könne, und das zu verbieten deshalb ungerecht, ja sogar grausam wäre. Aber da hatte sich die Kerschgrubermari eingemischt und gesagt, man könne ja den Marra fragen, ob dort noch Köpfe zu finden seien, der sei schließlich dort gewesen. Da hatte der Martin gesagt, das seien doch bloß Spukgeschichten und gefragt, wer mitkommen wolle, er wisse nämlich, wo man einen alten Reifen herbekäme mit dem man den Wasserfall beim Sägewerk hinunterfahren könne. Der Junge war etwas abseits gestanden. Gefragt hat ihn niemand. Nicht nach den Köpfen. Und auch nicht, ob er mitkommen wolle zum Wasserfall.

Die Särge liegen dicht an dicht in der Grube, in zwei Reihen übereinander. Sie sind nur roh gezimmert, hastig, ihr helles Holz hebt sich scharf vom üppigen, schwarzen Erdreich ab. Jetzt werden Kinder nach vorne geschoben. Sie werfen kleine Blumensträußchen auf die Särge. Kinder und Blumen sehen verloren aus. Niemand schiebt den Jungen nach vorne. Er hat auch gar keine Blumen. Es liegen fünf große Kränze an der Grube, der Junge liest die Aufschriften:

Landratsamt Ebersberg
Landrat E. C. Mayer
Military – Government
Gemeinde Ebersberg

Sonst steht da nichts. Ein Kranz hat überhaupt keine Aufschrift. Plötzlich sieht der Junge, wie sich ein Sargdeckel bewegt. Der Dritte in der oberen Reihe. Er muss sich getäuscht haben. Er schaut noch einmal genauer hin. Da hebt sich der Deckel des Sarges daneben. Der Junge schaudert. »Leichengase«, sagt der Mann, der neben dem Jungen steht und sich am Bart kratzt. Am oberen Ende der Grube werden die Grabreden gehalten. Erst ist der katholische Pfarrer Fuchs aus Grafing an der Reihe, dann sein evangelischer Amtsbruder Ottmar Dimmling. Für den Stab des technischen Bataillons ergreift ein Major Doktor Rudolf Beyer das Wort. Es sind noch andere wichtige Männer gekommen. Vertreter der gerade erst eingesetzten bayerischen Staatsregierung, wie der Mann dem Jungen erklärt. Der Junge hatte nichts von einer Staatsregierung gewusst. Er mustert die Männer, deren dunkle Mäntel nicht weniger zerschlissen sind als die der Soldaten vom technischen Bataillon. Erst als der Landrat, ein schlanker Mann mit schmalem Gesicht und dunkel umrandeter Brille, zu sprechen beginnt, dringen einige Worte in sein Bewusstsein.

»Das Schicksal hat, rätselhaft grausam, die deutschen Soldaten, vor deren Särgen wir stehen, aus dem Leben gerissen. Nach langen Jahren des Krieges und nach einer Zeit der Kriegsgefangenschaft hatten sie gehofft, in die Heimat zurückkehren zu können, um ihre Familien endlich wieder zu sehen und nun ein Leben in Frieden und Arbeit führen zu können. Wir alle sind über die Tragik des Schicksals aufs Tiefste erschüttert.«

Der Junge spürt die schwere Hand des Mannes auf seiner Schulter. Er blickt hinauf in das vertraute Gesicht und sieht den Schweiß unter den dunklen Locken. Dann richtet er seine Aufmerksamkeit wieder auf die Särge. Er muss an den Soldaten denken, der Otto geheißen hat. An das Foto mit der Frau und dem Jungen im zu großen Anzug. An die Briefe. Er hat das Bündel zurück in die Tasche des Mantels gesteckt, bevor er ihn sanft über die Leiche gebreitet hat. Hoffentlich haben sie den Mantel mit in den Sarg gelegt, denkt der Junge. Dann denkt er an den dicken Wast. Und dann an den Tod von Tuntenhausen. Vor seinem inneren Auge zielt das Skelett mit seiner Armbrust direkt auf das Herz des Jungen. Da bleibt sein Blick an einer jungen Frau hängen, die sich auf der anderen Seite der Grube nach vorne schiebt. Die Schwarzwiesertochter. War die nicht auch an den Gleisen gewesen? Der Junge ist sich nicht sicher. Es ist erst drei Tage her. Und doch kommt es ihm vor wie eine Begebenheit aus einem anderen Leben. Marianne schaut auf die Särge hinab, dann hebt sie den Kopf. Ihre Blicke treffen sich. Sie nicken einander zu.

Danke

Bernhard Linder, Connie Linder, Harald Sambale, Bernhard Schäfer, Katja Stapelmann, Gertraud Viktor, Marinus Viktor, Michael Viktor, Severin Viktor, Suzanne Viktor, Ludwig Weinfurtner

… und natürlich dir, Leonie. Für alles.

Beim Zugunglück von Aßling am 16. Juli 1945 kamen 106 Menschen ums Leben. 95 von ihnen fanden ihre letzte Ruhe in der Kriegsgräberstätte in Oberelkofen. An der Unfallstelle bei Kilometer 43,2 erinnert ein Kreuz an das Unglück.

- Wachtmeister Emil Müller, geboren am 12.10.1909 in Fröndenberg
- Gefreiter Fritz Köster, geboren am 6.12.1908 in Dortmund
- Obergefreiter Theodor Flecke, geboren am 8.8.1921 in Afferde
- Sanitäts-Unteroffizier Eugen Schätzle, geboren am 1.8.1907 in Karlsruhe
- Obergefreiter Fritz Sonntag, geboren am 10.9.1901 in Loffzen/Holzminden
- Obergefreiter Paul Jongen, geboren am 7.7.1900 in Schleiden
- Obergefreiter Heinrich Koch, geboren am 7.12.1907 in Witten
- Obergefreiter Ernst Schoppmann, geboren 29.8.1920 in Mühlhofe/Altena
- Leutnant der Reserve Walter Peters, geboren am 6.4.1920 in Düsseldorf
- Unteroffizier Theodor Leisten, geboren am 8.12.1910 in Mersch
- Gefreiter Heinrich Rütten, geboren am 31.12.1911 in Bottrop
- Obergefreiter Friedrich Pattberg, geboren am 11.5.1904 in Niederstüter
- Obergefreiter Ernst Vorberg, geboren am 13.5.1905 in Volmarstein
- Gefreiter Heinrich Kothen, geboren am 11.8.1901 in Krefeld-Linn
- Obergefreiter Heinrich Kösters, geboren am 21.10.1905 in Neuenkirchen
- Gefreiter Günther Nierhoff, geboren am 16.12.1926 in Oberaden
- Oberfeldwebel Karl Uhde, geboren am 5.8.1901 in Niedermarsberg
- Wachtmeister Erich Lehmann, geboren am 24.10.1918 in Gohra
- Oberfeldwebel Franz Ferges, geboren am 22.5.1905, in Dortmund-Hoerde
- Unteroffizier Ewald Senger, geboren am 20.10.1904 in Velmede
- Stabsgefreiter Bruno Bors, geboren am 28.1.1905 in Bövinghausen
- Leutnant Heinz Dieter Schwarze, geboren am 20.9.1919 in Hüls-Marl
- Flieger Alfred Ebert, geboren am 28.6.1905 in Gelsenkirchen

- Baupionier Valentin Kucklick, geboren am 14.2.1901 in Freudenberg/Ostpr.
- Hauptmann der Feldgendarmerie Josef Boenigk, geboren am 3.5.1909 in Bischofstein/Ostpr.
- Unteroffizier Erich Klatt, geboren am 12.6.1907 in Berlin
- Obergefreiter Bernhard Lehwark, geboren am 9.11.1903 in Bromberg
- Soldat Wilhelm Czaske, geboren am 15.8.1920 in Bochum
- Kraftfahrer Franz Jürgens, geboren am 20.6.1903 in Wennemen
- Unteroffizier August Kattermann, geboren am 18.6.1905 in Michelfeld/Baden
- Obergefreiter Hermann Lauber, geboren am 27.2.1908 in Klafeld/Siegen
- Obergefreiter Wilhelm Krenzer, geboren am 8.9.1901 in Thaiden/Rhön
- Stabswachtmeister Erich Sust, geboren am 7.7.1900 in Breslau
- Obergefreiter Otto Unverzagt, geboren am 4.10.1905 in Elsoff
- Leutnant Hermann Goette, geboren am 27.6.1915 in Hamborn
- Wachtmeister Bruno Langwinski, geboren am 13.7.1913 in Dortmund-Eving
- Unteroffizier Herbert Gluth, geboren am 19.1.1905 in Lindenwerder/Warthegau
- Unteroffizier Wilhelm Schulte-Schrepping, geboren am 17.4.1899 in Altenbochum
- Obergefreiter Anton Langkau, geboren am 24.4.1922 in Dortmund
- Obergefreiter Fritz Steinbach, geboren am 25.2.1912 in Ehringhausen
- Obergefreiter Helmut Stein, geboren am 28.3.1910 in Dortmund
- Oberfeldwebel Willi Bremmer, geboren am 28.10.1919 in Herdecke/Ruhr
- Obergefreiter Wladislaus Dostal, geboren am 6.9.1904 in Gahmen/Lünen
- Obergefreiter Bernhard Knepper, geboren am 2.10.1908 in Lünen
- Gefreiter Albert Bader, geboren am 28.8.1907 in Migehnen/Ostpr.
- Soldat Heinz Bernshausen, geboren am 19.1.1907 in Siegen

- Unteroffizier Erich Grönig, geboren am 15.8.1919 in Herne
- Soldat Gustav Potthoff, geboren am 7.12.1912 in Dortmund
- Obergefreiter Heinrich Kalett, geboren am 25.2.1923 in Dortmund
- Gefreiter Hans Höller, geboren am 6.3.1914 in Wattenscheid
- Unteroffizier Paul Stratenschulte, geboren am 15.10.1904 in Milspe
- Oberwachtmeister Ewald Iske, geboren am 26.9.1915 in Voerde/Ruhr
- Stabsgefreiter Josef Gorgels, geboren am 3.11.1907 in Broichweiden
- Obergefreiter Walter Oberdörfer, geboren am 22.6.1907 in Arneburg/Elbe
- Stabsgefreiter Anton Knops, geboren am 31.8.1925, Ort unbekannt
- Soldat Wilhelm Bölger, geboren am 8.10.1911 in Dortmund
- Obergefreiter Franz Koch, geboren am 18.6.1910 in Hüsten
- Grenadier August Steinke, geboren am 8.3.1906 in Bochum-Werne
- Flieger Karl Steinert, geboren am 23.10.1901 in Castrop
- Soldat Franz Heisterkamp, geboren am 11.1.1911 in Vele
- Unteroffizier Wilhelm Cramer, geboren am 5.8.1918 in Dortmund-Schüren
- Gefreiter Wilhelm Schwabe, geboren am 16.11.1902 in Lütgen
- Obergefreiter Paul Mühlhoff, geboren am 9.1.1912 in Plettenberg
- Obergefreiter Erich Gunia, geboren am 7.6.1920 in Wattenscheid
- Unteroffizier Heinz Heimann, geboren am 2.4.1916 in Selm
- Gefreiter Herbert Schäfer, geboren am 28.9.1925 in Anzhausen/Siegen
- Unteroffizier Wilhelm Jacobs, geboren am 11.2.1909 in Unna
- Obergefreiter Walter Florath, geboren am 26.5.1906 in Plettenberg
- Bauoberpionier Wilhelm Tönker, geboren am 7.12.1904 in Dortmund
- Obergefreiter Friedrich Korte, geboren am 21.2.1920 in Meyerich
- Stabsgefreiter Heinrich Löcker, geboren am 4.9.1917 in Heinsberg
- Obergefreiter Walter Richter, geboren am 18.2.1911 in Epscheid/Ruhr
- Obergefreiter Gustav Meister, geboren am 15.11.1902 in Bochum-Dahlhausen

- Oberfeldwebel Franz Droste, geboren am 3.4.1900 in Essen
- Unteroffizier Paul Schneevoigt, geboren am 18.6.1913 in Gevelsberg
- Stabswachtmeister Ernst Martin, geboren am 1.11.1905 in Billmerik
- Stabsgefreiter Erich Brockhaus, geboren am 25.5.1911 in Hohenlimburg
- Obergefreiter Wilhelm Hufeisen, geboren am 14.10.1903 in Hagen
- Soldat Paul Funk, geboren am 26.1.1919 in Heven/Ruhr
- Obergefreiter Fritz Söhler, Geburtsdatum und -ort unbekannt
- Obergefreiter Johannes Luttermann, geboren am 1.9.1907 in Erflinghausen
- Oberwachtmeister Heinz Klammer, geboren am 23.10.1914 in Jaschhütte/Westpr.
- Oberleutnant Wilhelm Rehling, geboren am 14.4.1914 in Dortmund
- Unteroffizier Oskar Brune, geboren am 16.4.1917 in Methler
- Stabsgefreiter Hermann Kortenacker, geboren am 15.4.1920 in Dortmund
- Obergefreiter Fritz Wagner, geboren am 31.8.1923 in Fruntlack/Ostpr.
- Obergefreiter Eduard Damm, geboren am 14.1.1911 in Welper/Ruhr
- Edmund Eduard Zamecki, geboren am 11.11.1915 in Bochum-Gerthe
- Unteroffizier Karl-Friedrich Kühn, geboren am 27.6.1906 in Hagen
- Luftwaffenschlosser Karl Bernhard Wilhelm Jäger, geboren am 4.8.1909 in Lippstadt
- Soldat Hans Riedler, Geburtsdatum und -ort unbekannt
- Unteroffizier Robert Kaiser, geboren am 17.7.1910 in Warburg
- Obergefreiter Heinrich Luig, geboren am 19.7.1902 in Werl/Soest
- Kanonier Peter Nacken, geboren am 28.6.1913 in Alsdorf
- Obergefreiter Walter Schuhmacher, geboren am 28.10.1923 in Arloff
- Unteroffizier Philipp Jähnert, geboren am 25.12.1903 in Soest-Einecksholzen
- Franz Minter, geboren am 27.10.1899 in Hohenlimburg
- Josef Klüter, geboren am 31.3.1921 in Garbeck
- Emil Stolz, geboren am 10.6.1890, Geburtsort unbekannt

- Stabsgefreiter Josef Kotthoff, geboren am 6.3.1918 in Bödefeld
- Der amerikanische Soldat William T. Klopfer
- Fünf unbekannte Soldaten

Zum Autor:

Simon Viktor, Jahrgang 1984, studierte Philosophie, neuere deutsche Literatur und Politikwissenschaft in München. Er arbeitete als Kistenwäscher, Restaurantkritiker, Barkeeper und Werbetexter, schrieb für die Süddeutsche Zeitung, tourte mit seinen Bands durch Europa und betrieb ein Plattenlabel. Mittlerweile ist Viktor als Künstleragent tätig und schreibt für das Bayerische Fernsehen sowie namhafte Kabarettisten. Sein Buch »Durch die Welt ein Riss« basiert auf einer wahren Begebenheit, die Viktors Heimatort Aßling kurz nach dem Zweiten Weltkrieg erschütterte und – von der deutschen Geschichtsschreibung nahezu vergessen – bis heute im kollektiven Gedächtnis des Dorfes nachhallt. Viktor lebt mit seiner Frau und seinen beiden Töchtern in Dießen am Ammersee.

Quellen:

- Identifizierungsliste, Polizei-Posten Aßling, 17.7.1945, Stadtarchiv Grafing
- Totenliste und Gräberverzeichnis, Reichsbahndirektion München, 25.7.1945, Stadtarchiv Grafing
- Auszug aus der Identifizierung der Toten, Aßling, 27.1.1950, Stadtarchiv Grafing
- Gedenktafelliste, undatiert, Stadtarchiv Grafing
- Liste Kriegerdenkmal Oberoelkofen, undatiert, Stadtarchiv Grafing
- Lebmeier, H. (1995). Aßling auf dem Weg ins 20. Jahrhundert (1. Aufl.). Geiger-Verlag